ゴールハンターバイブル

得点を奪うための最強理論と38のメソッド

佐藤寿人

GOAL HUNTER BIBLE

40分 DVD付

PROLOGUE

ゴールを奪うためには相手DFやGKを上回らなければなりません。
平均的な能力も必要なことですが、
一つずば抜けた能力を持つことはもっと必要なことです。
徐々にレベルが上がっていけば、
得意なプレーが普通のレベルになります。
だから、自分が本来持っている特徴で、
他の選手とは違う武器を身につけなければプロでは戦えません。

僕自身がこだわっていることは「オフ・ザ・ボール」の質です。
「簡単にゴールを奪うためには、どんな形でボールを引き出せばいいのか」
小さい頃からこのことを考えてプレーしていました。
ゴールは狙っていなければ奪うことはできません。

この本には、僕の考えや理論のすべてを詰め込んでいます。
たくさんの人に練習や試合でチャレンジしてほしいですし、
「ゴールを奪う喜び」を味わってもらえればうれしいです。

ゴールを導くために理論が必要！

BASIC TECHNIQUE

基本技術を磨くことが
ゴールハンターへの第一歩

シュート技術は基本から始まるといっても過言ではない。狙ったところにきっちり蹴る、GKの取りづらいところに蹴る、軸足を置く位置を考えるなど……ゴールにつながるキックの基本原則を紹介していく。

OFF THE BALL

相手を上回るためには
「オフ・ザ・ボール」が決め手！

佐藤寿人選手の真骨頂といえる「オフ・ザ・ボール」の動き。自分の武器を伸ばすためにさまざまな思考を巡らせて行きついた「オフ・ザ・ボール」の動きの大切な要素を一つひとつ説明していく。

CREATIVE SHOOT

さらに相手を驚かすシュートを身につけろ！

ボレーシュート、ダイビングヘッド、ドライブシュートなど、ゴールにつながるシュートにもさまざまな選択肢がある。相手の想像をはるかに超えるために、普段からトレーニングして身につけておきたい技術である。

PROFESSIONAL MENTAL

プロの心構えをヒントにメンタル面を伸ばす

ストライカーの目的は"ゴール"を奪うこと。その目的を達成するために、プロサッカー選手として身につけておきたいメンタルが存在する。技術を伸ばす上でも精神的な部分をより強化することは大切だ。

THE HISTORY O

佐藤寿人ヒストリー

日本人最高ゴールハンターの軌跡

1982年	3月12日、埼玉県春日部市で生まれる
1988年	小学1年生から地元の大増サンライズFCで本格的にサッカーをはじめる
1994年	セレクションに合格し、兄・勇人とともにジェフユナイテッド市原ジュニアユースに入団する
1997年	ジェフユナイテッド市原ユースに昇格
1998年	河内勝幸監督率いるU-16日本代表に選ばれ、カタールで行われた「第8回アジアユース（U-16）選手権」に出場。グループリーグでチームは敗退するものの、全4試合でゴールをあげる
2000年	ジェフユナイテッド市原トップチームに昇格 西村昭宏監督率いるU-19日本代表に選出。「第32回アジアユース選手権大会」では準優勝し、翌年の「2001FIFAワールドユース選手権」にも出場する 4月15日にトップチームでJ1デビューを果たす
2001年	3月10日、J1・1stステージ第1節・ジュビロ磐田戦でJリーグ初ゴール
2002年	J2・セレッソ大阪に移籍。翌年にはベガルタ仙台にレンタルで加入
2003年	移籍初年度で公式戦37試合を13得点を記録する
2004年	年間リーグ戦44試合で20得点を記録し、J2得点ランク4位。日本人としては3位の成績を収める
2005年	サンフレッチェ広島に移籍。リーグ戦で日本人最高となる18得点をあげ、Jリーグベストイレブンに輝く。その活躍が認められ、A代表初招集
2006年	2月11日、国際親善試合アメリカ戦でA代表初出場
2007年	4月7日、J1第5節・名古屋グランパス戦で史上45人目となるJ1通算50得点を達成
2008年	J2で40試合28得点を記録し、得点王に輝く
2012年	J1第5節・ガンバ大阪戦で2ゴールを決め、史上10人目のJ1リーグ通算100得点を達成。同時に史上4人目となるJ1・J2通算150得点も達成した。またクラブはJリーグ年間初優勝を果たし、自身も得点王に加え、MVP、ベストイレブン、フェアプレー賞を受賞し史上初の四冠を獲得 12月に開催されたFIFAクラブワールドカップ2012では3得点をあげ、

F HISATO SATO

2013年	セサル・デルガドとともに大会得点王を獲得した ヴァンフォーレ甲府戦で7年ぶりのハットトリック、さらに川崎フロンターレ戦でもハットトリックを達成。この川崎戦の1点目で、Jリーグ史上初の10年連続2桁得点をあげた
2014年	3月8日のJ1第2節・川崎フロンターレ戦のボレーシュートで決めたゴールが、国際サッカー連盟(FIFA)の発表する、2014年最優秀ゴール賞(FIFAプスカシュ賞)の候補に選ばれる
2015年	6月20日のJ1・1stステージ第16節・モンテディオ山形戦で2年ぶりとなるハットトリックを奪う。また、この試合の1点目で史上初となるJ1・J2通算200得点を達成した
2016年	3月6日のJ1・1stステージ第2節・名古屋グランパス戦でJ1通算158得点目のゴールをあげ中山雅史の記録を上回った

出場記録

シーズン	チーム	リーグ	カップ	天皇杯
2000年	市原	J1 8試合0得点	4試合2得点	3試合0得点
2001年	市原	J1 14試合2得点	3試合1得点	0試合0得点
2002年	C大阪	J2 13試合2得点	—	4試合3得点
2003年	仙台	J1 30試合9得点	6試合4得点	1試合0得点
2004年	仙台	J2 44試合20得点	—	2試合0得点
2005年	広島	J1 32試合18得点	6試合2得点	2試合0得点
2006年	広島	J1 33試合18得点	4試合2得点	2試合2得点
2007年	広島	J1 34試合12得点	6試合1得点	5試合1得点
2008年	広島	J2 40試合28得点	—	2試合2得点
2009年	広島	J1 34試合15得点	5試合5得点	1試合1得点
2010年	広島	J1 27試合10得点	2試合1得点	0試合0得点
2011年	広島	J1 33試合11得点	2試合1得点	2試合0得点
2012年	広島	J1 34試合22得点	6試合3得点	1試合0得点
2013年	広島	J1 34試合17得点	2試合1得点	6試合2得点
2014年	広島	J1 29試合11得点	5試合5得点	2試合1得点
2015年	広島	J1 34試合12得点	1試合0得点	2試合0得点
2010年	ACL	6試合1得点		
2012年	FIFAクラブワールドカップ	3試合3得点		

PHOTO ● YUTAKA／アフロスポーツ

CONTENTS

PROLOGUE 2

Special Interview
佐藤寿人の原点 12

第1章 ゴールを奪うための大前提となる基本原則

- **01** どのポジションからでも常にゴールの意識を持つ 24
- **02** インステップキックで強く重いボールを蹴る 26
- **03** インサイドキックを磨き正確性を身につける 28
- **04** コースを自在に操れるインフロントキック 30
- **05** どんなボールを蹴るかで軸足の置きどころが決まる！ 32
- **06** いいファーストタッチはシュートの逆算で！ 34
- **07** いろいろなシュート練習で実戦的なイメージをつかむ！ 38
- **08** 間接視野で敵を見る能力はストライカーにとって必要！ 40
- **09** ペナルティエリアで使うキックフェイントは有効 42
- **10** GKとの1対1で決定率を高める方法とは 44

第2章 勝敗を決めるオフ・ザ・ボールの動き

11 オフ・ザ・ボールの動きがゴールの確率を高める！..................50

12 オフ・ザ・ボールの動きをどう身につけるべきか..................52

13 出し手との共有イメージを増やすことがゴールへの近道............54

14 必ず覚えておきたいオフ・ザ・ボールの基本動作..................56

15 常に対峙するDFを観察し特徴を生かすように動く................60

16 ペナルティエリア内ではより素早い判断が求められる..............64

17 センタリングクロスからの得点率アップの考え方................66

18 カウンターアタック時は常に視野から消えることを意識！........68

19 1トップの仕事で使えるポストワークの考え方..................72

20 FWがコーナーキックで持っておきたいイメージ................74

21 オフサイドにかからない動き方と考え方を身につける............76

22 絶対に意識づけたいこぼれ球への予測..........................78

23 自分の特徴を知ることもストライカーの武器の一つ..............80

24 ラダートレーニングでステップワークを高める..................82

第3章 相手の想像を超えるクリエイティブなゴール

25 ボレーシュート 88
26 スライディングボレー 90
27 ジャンピングヒール 94
28 ダイビングヘッド 96
29 ドライブシュート 98

第4章 ストライカーに必要なメンタル力

30 常にミスを恐れずゴールを狙い続けろ！ 104
31 高みを目指すために日頃から意識すべきこと 105
32 ゴールを決めたときは最大限に喜びを表現しよう ... 106
33 90分の試合の中でいかに自分にスイッチを入れられるか ... 108
34 ミスをしたときにすぐに切り替える力を養う 110
35 どんな相手と対峙しても勝ちたい気持ちでチャレンジ ... 111
36 仲間がミスをしても励ます勇気を持とう 113
37 プレッシャーをうまくモチベーションに変えよう ... 115
38 どんな判定にもフェアプレーの心を忘れずに 116

BEST GOAL PLAY BACK

イメージ通りのファーストタッチと
味方との連携で生まれたゴール 36

たった一人のＦＷとＭＦのプレーで
相手を一瞬にして無力化したゴール 46

試合の状況に応じて一瞬で
判断を切り替えてクロスに合わせたゴール 62

ＤＦとＤＦの間に位置をとり
クロスに対して明確なイメージを持って生まれたゴール 70

ゴールを背にした状態でも
相手の予想をはるかに上回った芸術的なゴール 92

オフ・ザ・ボールの動きと
一瞬の判断で選択した高難度のドライブシュート 100

COLUMN

Q. どんなＤＦ、どんなＧＫがやりづらい？ 118

Q. お手本にするFWは誰？ 119

EPILOGUE 120

PROFILE 122

佐藤寿人の原点

Special Interview

PHOTO●アフロスポーツ

J1・J2通算200ゴールという偉大な記録を残した佐藤寿人のこれまでの道のり、プレーへのこだわり、そしてサッカーに励む子どもたちに伝えたいこととは──。

地元街クラブで純粋にプレーしたその感覚と経験が礎を築いている

──まずはサッカーに出会った頃のこと、また本格的に始めたきっかけを教えてください。

　僕は双子だったから、遊び相手は常に兄の勇人（現ジェフユナイテッド市原千葉）でした。3、4歳のときに両親からサッカーボールをプレゼントしてもらったのがサッカーとの出会いです。ずっと二人でボール遊びをしていました。本格的に始めたのは小学校1年生。いつも二人でボールを蹴っていたから「みんなでサッカーをやりたい」と、地元の大増サンライズFCに入団したんです。勇人は「剣道がやりたい」と言っていたのですが、僕がサッカーをやっているのを見て、同じクラブに入ってきました。

──当時は、どんな練習をしていたのですか？

　リフティングと、マーカーやコーンを置いたドリブルのトレーニングをひたすらやっていました。監督の平原隆幸さんがボールコントロール、ボールタッチの感覚を重要視される方だったので、みんなグラウンドに着くなり、そればかり（笑）。もうクラブの習慣になっているんです。

Special Interview

6年生のときに「リフティングが1000回できたら手帳に名前が載る」というのがあって、そこまではできるようになりました。普段から300回ぐらいはやれていたので、今よりもうまかったですよ（笑）。よく続きましたよね。

——**練習頻度はどれくらいだったのでしょうか。**

低学年の頃は週2回です。それから学年が上がるごとに練習が増え、最終的には週4回になりました。週末に試合があったら月曜が休みで火・水に練習、木曜が休みで金曜に練習があって、試合といった流れです。

——**街クラブにしてはとても練習量が多いですよね。**

送迎バスが出ていたし、練習は18時半から20時半までだったのですが、照明がついていたのでその時間帯でもやれていました。

専用グラウンドと、小さいながらもクラブハウスがあったからいまの時代と比べても恵まれた環境ですよね。本当にサッカーに集中できたし、自分のプレー面でのベースは大増サンライズFCで築かれたと感じています。

——**いつ頃からFWをやるように？**

小学校3年生からです。4年生になると、体の小さい僕でも6年生の試合に出してもらっていたので、いい経験をさせてもらっていました。大きい相手に対する体の使い方はそこで覚えたところもありますから。その頃からずっと憧れていた選手は、やっぱりカズ（三浦知良）さんとゴン（中山雅史）さんです！

——**勇人選手はどのポジションだったのですか。**

トップ下です。いつも勇人がパスを出して僕が決めるという感じ。だからかもしれませんが、中盤の選手にボールを要求することが自然にできるようになったんです。兄弟だから「出せよ」と伝えられる環境でした。これがほかのチームメイトだったら遠慮もあったと思いますけれど、勇人だから気を使う必要がありませんよね。家に帰っても「出せよ」「出せねーよ」ってやっていましたから。

生き残るために意識を持って練習 点をとるには論理的思考が必要

——**中学生に上がるタイミングで、ジェフ市原ジュニアユースに進むことを選択されます。**

父が小学校6年生の夏から直接クラブに電話をして何度も「受験させてください」と頼んでくれました。そのかいがあって6年生が3〜4人、中学生1・2年生を含めて10人くらいのセレクションを大木誠さんが開いてくれました。僕にいろんな面で影響を与えてくれた方です。大木さんと出会っていなかったらプロになっていなかったと思います。

——**実際に、プロという明確な目標があるJの下部組織に入った感想はどうでしたか？**

みんなうまかったですね。同じ学年

に最初は20人以上の選手がいました。もう廃止されましたが、「最初の1年間で半分以上減らされる」ということに同意した上での入団だったんです。ただ成長期なので、体格に差があります。当時、僕は142cmぐらいだったのでフィジカルでやられることもあって、すごくしんどかったですね。AチームとBチームに分けられるとき、阿部ちゃん（現浦和レッズ・阿部勇樹）はいつもAチームで、2年生の試合にも出ていたのに僕はBチーム……その頃はとても悔しい思いをしました。

──Aチームに這い上がるために、どんなことをやられたのでしょうか。

実は、一度だけ両親に弱音を吐いたことがありました。「体の大きさが違うからしんどい」と。そうしたら親父に「全部やりきったのか？」って指摘されたんです。そのとき、僕は「全部やりきっているよ」とはっきり答えられなかった。それからは練習場に一番早く行くとか、最後までボールを蹴るとか、用具を準備するとか、練習に関係ないところまで全部をやりきろうと努めました。それでダメなら仕方ないと。まず、1年後にジュニアユースに生き残ること、次に少ない昇格枠に入ってユースに上がることを目標に努力しました。本当に「ここで生き残らなければプロなんて」という思いでし

た。

──ストライカーとして結果を出すため、どんなことを考え、練習をしたのですか？

中学2年生のとき、当時クラブの下部組織のアドバイザーを務めていたリティ（ピエール・リトバルスキー）さんが世界レベルのプレーのお手本、またアドバイスをしてくれる機会があったんです。「こうした方がいい」「こう考えた方がいい」と。いま考えたらすべて基本的なことです。でも、論理的な指導を受けたことでしっかりとしたプレーイメージが持てるようになりました。たとえば、キックは狙ったところにきっちり蹴る、シュートはGKの取りづらいところに蹴る、ゴールを見て空いているところに蹴るなどが大事だと。おかげですべてのトレーニングで明確な目標が持てるようになりました。何事も漠然とやっていたら次につながらないし、壁を乗り越える力もメンタルも身につかないと思います。

──サッカー選手にはそういう力が必要だと。

リティさんに教わったことはいまも心に刻まれています。やはり、シュートは正確性が大事です。力で打つシュートは筋力がついてくる高校生からでも十分に伸びしろはあるでしょう

PHOTO ●松岡健三郎／アフロ

Special Interview

が、シュート技術・感覚は小学生の頃から養うべきことだし、意識を持って練習をしなければ試合に生かされません。具体的にはスピードと言っても、陸上の短距離走とサッカーのスピードは違うものです。マーカーを使ってステップワークを鍛えてスムーズに方向転換ができるようになれば、相手よりも素早く動くことができる。総合的に走る技術を培うことができれば、相手を上回ることできます。この考えは池田誠剛さん（現FC東京フィジカルコーチ）から学んだことですが、サッカーをプレーする上で生きる力を積み重ねることが重要です。

FWには武器が必要不可欠！僕はオフ・ザ・ボールだった

——ジェフでそのままトップに昇格されましたが、その後、セレッソ大阪やベガルタ仙台と２度の期限付き移籍を経験されました。決して順風満帆なプロ生活を送ってきたわけではありません。佐藤選手自身は、生き残れた理由をどう捉えているのでしょうか？

小学生の頃から乗り越える壁はたくさんありました。感じるのはどんな壁も前向きに受け止めて乗り越えないと、次のステージは見えないということです。ストライカーという観点でいえば、自分のストロングポイントで勝負するべきだと捉えています。ゴールを奪うためには相手を上回らなければならない。つまり、相手との違いを見せなければなりません。平均的な能力も必要なことですが、一つだけずば抜けた能力を持つことはもっと必要なことです。だんだんレベルが上がれば、得意なプレーが普通のレベルになる。だから、自分の特徴で、他の選手とは違う武器を身につけなければプロでは戦えません。

僕がこだわっていることは「オフ・ザ・ボール」の質です。小さい頃から体格的に恵まれていなかったので、一人でゴールをこじ開けることが難しかったんです。だから、『簡単にゴールを奪うためには、どんな形でボールを引き出せばいいのか』ということを考えてプレーしていました。常に磨いている自分のシュート技術を生かすには、それがゴールを奪うための絶対条件なんです。まずは、シュートを打てる状況を作らなければなりません。

——シュートを打つために優位な状況を作ることができるのが、佐藤選手の特徴だと。

僕はペナルティエリアでボールを受けて勝負するタイプのストライカーです。攻撃の組み立てにも参加しますが、ペナルティエリアでパスをもらわないと勝負できないし、プロとして結果が残せません。相手を交わしてシュートを打つよりも、シュート技術を生かしてゴールを奪うことが理想だから、オフ・ザ・ボールの動きで勝負をつけておくことが大事なんです。

僕の感覚的には、そこで７割はゴールの行方が決まっていると感じています。日本人は華麗なコンビネーション

Special Interview

PHOTO ●築田純／アフロスポーツ

で何人もの選手がかかわるゴールを好みますが、最も簡単にゴールをとるには、ストライカーの動きでボールを引き出し、出し手のたった一本のパスでゴールに結びつけることです。

——確かに。簡単にゴールをとることが一番の勝利への近道です。ネットを揺らせば、どんな形でも同じゴールですからね。

　ゴールハンターって才能のように呼ばれますが、ゴールは狙っていなければ奪うことはできません。よくこぼれ球をゴールすると、「嗅覚が鋭い」と表現されます。でも、どこにこぼれてくるのかを周囲の情報をキャッチして予測し、準備しているからそこに動けるわけです。こぼれ球の反応は練習から養えるものです。そもそもFWがゴールを入れる確率なんて低いものです。つまり、ミスの方が圧倒的に多い。大切なことは、そのミスをどれだけ考えて次につなげていくことができるのか。シュートは狙って打つことで、たとえ試合で狙い通りにいかなくても次は狙い通りにいくように原因を探し、練習を重ねることが重要なのです。元日本代表監督のジーコにも「シュートはゴールにパスをする感じで蹴りなさい」と言われたし、本当に狙って打つことの大切さを諭されました。

佐藤寿人の原点　17

Special Interview

――FWとして、ゴールをとるために必要なことは何だと考えられていますか？

　いつも頭を回転させてゴールへのイメージを持ってプレーすることです。僕の感覚では、ファーストタッチはシュートからの逆算ですし、オフ・ザ・ボールの動きもシュートを打つためのものです。

　たとえば、ペナルティエリアでは時間もスペースもないからボールを止め、顔を上げてＧＫやゴールを確認する暇なんてありません。そう考えると、シュートのためのファーストタッチ、シュートを打つための動き出しをする必要があるんです。

　ようするに、考えながらプレーする時間がないから先にシュートイメージを持ってプレーしなければ、相手よりも一歩先に進んでシュートに持ち込めないということです。

――それは出し手との関係も必要ですよね。

　その通りです。勇人にパスを要求していた話をしましたが、チームメイトと同じイメージを共有していれば、相手ＤＦよりも先にプレーできるんです。だから、日頃の練習から彼らと考えや意思を伝え合うことは大事なことです。味方のプレーの傾向や特徴を知らなければ動き出しでパスを引き出せません。

――よく考えたらサッカーは集団スポーツだから当たり前のことですよね。それを忘れて独りよがりなプレーをしがちです。

　サッカーは11対11で相手がいるスポーツだから、どんな状況においても目の前の敵を上回って勝たなければ試合を優位に進められません。そのためには、相手の特徴、FWにとっては相手ＤＦの特徴を把握することは当たり前の作業です。

　だから、オフ・ザ・ボールの動きでボールを引き出せるのです。ストライカーという立場でいえば、一番の仕事はゴールをとることです。しかし、ゴール前では顔を上げる時間がないから間接視野で打つシュート技術を磨かないといけない。でも、シュート打つためにはパスを呼び込まなければならない。その前に、パスを呼び込むには相手との駆け引きが必要になる。その駆け引きに勝つためには自分の力だけではなく、出し手との連携が……そうやって一つ一つ論理的に考えていくと、ゴールからの逆算で何を身につけなければならないかが見えてきます。

　この本には、僕がそうやって身につけてきたものを一つひとつ紹介し、解説しています。

　ぜひ参考にして「ゴールを奪うにはどうすればいいか？」と自分なりに考えて練習に励んでみてください。

本書の使い方

4章によって構成される本書の使い方を説明します。
ゴールを奪うために必要なスキルを
一つひとつ紹介していきます。

1 各内容をしっかり把握

各項目は「GOALHUNTER METHOD」として、ゴールハンターにとって重要な内容を一つひとつ紹介しています。

2 映像を見る

DVDマークのついているメニューは、DVDで映像を確認することができます。

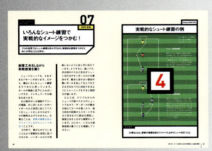

3 動きを知る

連続写真でしっかりと動き方がわかります。ボールの蹴り方、軸足の置き方などさまざまなポイントを写真で知りましょう。

4 図解説明でより詳しく紹介

ゴールを奪うために身につけておきたいメソッドや考え方を図解でわかりやすく説明します。

選手マークについて

- 佐藤寿人選手
- GK
- 味方チームの選手
- 相手チームの選手

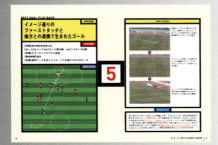

5 過去のベストゴールを本人が詳しく解説!

ベストゴールプレイバックでは、Jリーグでの過去のベストゴールを振り返り、そのゴールのポイントなどを解説します。

DVDの使い方

付属DVDでは、佐藤寿人選手の本人によるプレー映像と、佐藤選手が選ぶベストゴールを自身の解説とともに収録しています。

```
GOAL HUNTER BIBLE                    ゴールハンターバイブル
                                     得点力を確実に高める最強理論と38のメソッド

▶ ALL PLAY          CHAPTER 1
                    ゴールを奪うための大前提となる基本原則

                    CHAPTER 2
                    勝敗を決めるオフ・ザ・ボールの動き

                    CHAPTER 3
                    相手の想像を超えるクリエイティブなシュート

                    SPECIAL BONUS TRACK
                    佐藤寿人選手が選ぶ！Jリーグベストゴール6

                  ▶ INFORMATION KANZENのスポーツ書籍
```

CHAPTER **1** ▶ ゴールを奪うための大前提となる基本原則

CHAPTER **2** ▶ 勝敗を決めるオフ・ザ・ボールの動き

CHAPTER **3** ▶ 相手の想像を超えるクリエイティブなシュート

SPECIAL BONUS TRACK ▶
佐藤寿人選手が選ぶ！ Jリーグベストゴール6

付録DVDに関する注意
- 本誌付録のDVDはDVD-VIDEO（映像と音声を高密度で記録したディスク）です。DVD-VIDEO対応のプレーヤーで再生してください。DVD再生機能を持ったパソコン等でも再生できますが、動作保証はできません（パソコンの一部機種では再生できない場合があります）。不都合が生じた場合、小社は動作保証の責任を負いませんので、あらかじめご了承ください。
- ディスクの取り扱いや操作方法は再生するプレーヤーごとに異なりますので、ご使用になるプレーヤーの取り扱い説明書をご覧ください。
- 本DVDならびに本書に関するすべての権利は、著作権者に留保されます。著作権者の承諾を得ずに、無断で複写・複製することは法律で禁止されています。また、本DVDの内容を無断で改変、第三者へ譲渡・販売すること、営利目的で利用することも法律で禁止されております。
- 本DVD、または本書において、乱丁・落丁・物理的欠陥があった場合は、小社までご連絡ください。

第1章
ゴールを奪う
大前提となる

すべては基本から始まるといっても
過言ではないシュートの技術。
佐藤寿人選手が考える
基本原則とは一体どういったものか。

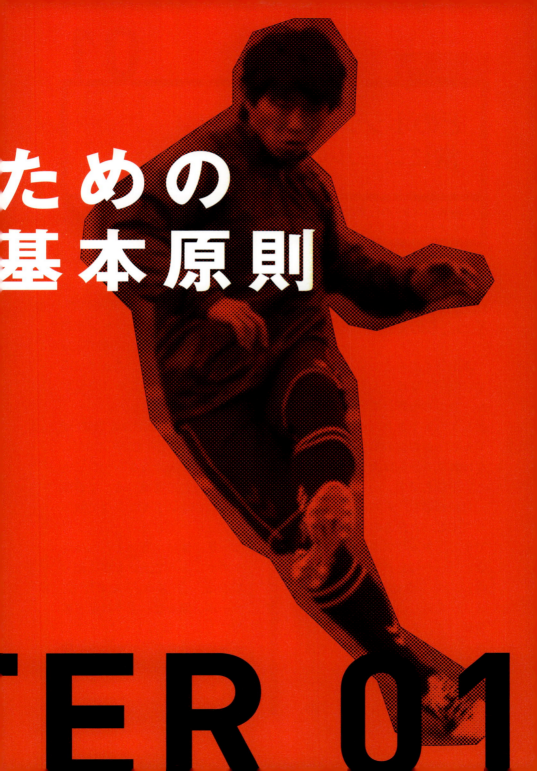

GOALHUNTER
METHOD

01

どのポジションからでも常にゴールの意識を持つ

ゴールハンターの仕事はもちろん、ゴールを奪うこと。
そのために重要なことは何か。

ほとんどのゴールが狙ったものである

　ストライカーとして狙っていないゴールはほとんどありません。いつも心がけていることはどんなGKであれ、どんなDFであれ、**目の前の相手を上回らなければゴールは入れられない**ということです。

　対戦相手も、FWに仕事をさせたくないと思うのは当たり前ですし、キャリアを重ねたDFほどしっかりと研究して対策を練り、マークにつくFWのイメージを新しい情報にどんどん更新しています。だから、ストライカーはその中でゴールを決め続けていかなければならない職業なのです。

　僕は自力でゴールをこじ開けるタイプではありませんので、**味方とのコンビネーションを深め、相手が予期しないタイミングでシュートを打つこと**を日頃から意識して練習するようにしています。

　たとえば、2013年のFUJI XEROX SUPER CUPの柏レイソル戦で決めたボレーシュートは味方との連携、そして普通だと狙わないタイミングで放ったシュートでした。

　一見、体勢が悪いように見えますが、あえて上体を横に倒してシュートスペースを作り、ボールが浮かないように足を振ることですばらしいコースにボールが飛んでくれました。限られた狭いスペースの中で、体をうまく使えたゴールだったと感じています。

佐藤寿人選手の200ゴール分析

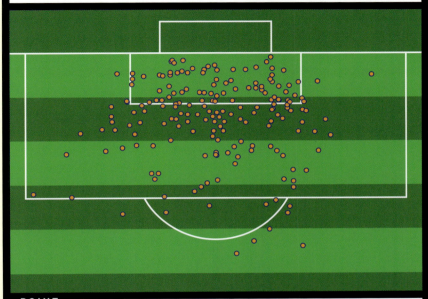

POINT

上の図は佐藤寿人選手がJ1・J2通算200得点(2015年6月20日達成)を決めた時点での全ゴールのシュートスポットを表したもの。各ゴールのキック種類は以下のとおり。

- インステップキック　22本(うちループが1本、PKが4本)
- インサイドキック　62本(うちループが1本、PKが13本)
- インフロントキック　10本(うちループが1本、PKが2本)
- アウトサイドキック　2本
- ボレーキック　62本
- ヘディング　3本
- ダイビングヘッド　3本
- 足裏　1本
- トゥキック　2本
- ヒールキック　1本
- ジャンピングヘッド　23本
- 腰　2本
- もも　1本

GOALHUNTER METHOD

DVD収録

インステップキックで強く重いボールを蹴る

キックの基本ともいえるインステップキック。
そのキックをゴールに結びつけるためには大切なことを学ぼう。

「そこに打てば入る」インステップは確信あるとき

シュートコースが決まっている状態で、強く重いボールを蹴った方がいい場合にはインステップキックでシュートを打ちます。そうすれば、コースを読まれていたとしても手をはじいてゴールに吸い込まれる可能性が高いからです。

しかし、足首を固定して足を振るため、**一定の方向にしかボールを蹴られないのがインステップキックの難点**です。

特に対戦相手のレベルが高い場合には、最後まで状況を追わなければゴールを決められないことも増えてきます。なぜならば、DFは寄せが速く、GKは素早くポジション修正するため、ボールに足が当たる寸前までコースを変えられた方が優位に立てるからです。だから正直、僕はインフロントを使うことが多いです。

ただ、2015年のアウェーで戦ったベガルタ仙台戦（7月11日）のように、はっきりとシュートコースを目視できていて「そこに打てば入る」と確信があればインステップシュートを放ちます。やはり思い切りのいい方が確率は上がります。

蹴り方は状況次第で使い分けるでしょうが、大切なことは、どの蹴り方も**自分なりの形を見つけ、身につける**ことです。そうすれば自分自身が自信を持って狙ったコースにシュートを打つことができるでしょう。それが大事なことです。

インステップキックの基本

蹴り足のひざをしっかり曲げて、足の甲でボールの中心をミートする。ボールを蹴ったあとも上半身がブレないことが大事。重心は体の前方に移動し、体重をしっかりとボールに乗せる

ADVICE

- 強くて重いボールを蹴った方がいい場合にはインステップキックが効果的である
- 一定の方向にしかボールを蹴られないのがインステップキックの難点となる
- シュートの場合、思い切りよく蹴ることでゴールの確率も高まる

GOALHUNTER METHOD

03

DVD 収録

インサイドキックを磨き正確性を身につける

ボールを正確に蹴るための基本中の基本となるのがインサイドキック。

キックの確実性を増すインサイドキック

　ストライカーは少ない時間と狭いスペースの中でゴールを決めなければなりません。だから、狙ったところにボールを蹴る技術が高くなければ得点を重ねられないし、得点を決め続けることはできません。

　そのためにはインサイドキックで自分が思い描くシュートコースにボールを蹴るトレーニングを積むことは非常に大切なことです。

　もちろん、インステップキックやインフロントキックでも同じことがいえます。インサイドキックはボールと足の接地面積が大きい分、確実性が増すため、まずは当てる感覚を養いま

しょう。シュート以外にもパスの能力を高めることができるから、サッカー選手にとっては必要不可欠なキックです。プロサッカー選手でも毎日欠かさず練習するぐらいです。だから、ジュニア年代から修練を積んでほしいです。

　僕もトップ下を経験したことがありますが、そのときにも大いに役立ちました。現代サッカーでは複数のポジションを求められます。もしかするとFW以外のポジションを務めることもあるかもしれません。そのときも狙ったところにボールを蹴れることはサッカーの基本です。ゴールを奪うところで確実にインサイドでゴールを決められるように、日々トレーニングしてください。

インサイドキックの基本

軸足のひざを軽く曲げて、スパイクの側面の真ん中あたりでボールの中心をとらえるキック。近くにいる味方へのパスや、ワン・ツーなどのダイレクトパス、さらにはPKや至近距離からのシュートでもよく使われる

ADVICE

- インサイドキックで自分が思い描くシュートコースにボールを蹴るトレーニングを積むことは非常に大切なこと
- インサイドキックはボールと足の接地面積が大きい分、確実性が増すため、まずは当てる感覚を養う
- 一番使うキックだからこそ正確性を日々の練習から磨いてほしい

GOALHUNTER METHOD

04

DVD 収録

コースを自在に操れる インフロントキック

ゴールハンターにとって、とても有効なキックだ。
実はこのキックをうまく扱えるかがカギになってくる。

蹴り足の少しの変化で コースを使い分けられる

　プロサッカー選手がプレーする上で大切なことは最後まで状況を追うことができることです。たとえば、FWがシュートを打つとき、相手DFは懸命に足を伸ばしてブロックを行います。そこでFWは、その状況を冷静に追い、ボールを切り返してシュートを選択したり、またブロックよりも早くシュートを放つために強引なキックを選択したり、最後まで状況を追えると有利に働きます。

　特にストライカーにとっての最後の砦であるGKという壁を越えるには、彼らを最後まで見ることがとても大切になります。ギリギリのタイミングでシュートを打つ場合、インステップキックだとシュートコースは変えられず、しかも足を振り切るキックのために融通が利きません。その場合、最適なシュートはインフロントだと思います。足首のちょっとした変化でニアなのか、ファーなのかを変えられるし、何よりも状況を最後まで追って直前で選択肢を変えられるため、相手よりも優位に立てます。

　GKとの駆け引きという点では、インステップやインサイドのようにフォームが固定されない分、踏み込みの位置や足の角度、ボールの当てどころで自在にシュートコースが変えられます。インフロントキックの基本を身につけましょう。

GOALHUNTER

インフロントキックの基本

軸足のひざをやわらかくして、バックスイングをとり、インパクトの瞬間にしっかり足首を固定してインパクト。足の内側でボールをこすり上げるようなイメージでボールを蹴る

ADVICE

- インフロントキックは、足首のちょっとした変化でニアなのかファーなのかなどコースを使い分けられる
- GKとの最後の戦いで、直前に判断を変えたりできるのが、インフロントキックの利点
- 体の力を抜いてリラックスして、ボールをしっかりミートできるように練習しよう

GOALHUNTER METHOD **05**

どんなボールを蹴るかで軸足の置きところが決まる！

正確なキックを行うためには、軸足の位置も大切になってくる。
軸足の置きどころはどこに置けばいいのか。

ひざをうまく使い軌道や強弱を調整

蹴りたい方向、球種によって軸足の置きどころは変わります。人それぞれ骨格が違うから蹴り方と同様に軸足の置きどころも異なります。だから、小さい頃からの積み重ねが大切です。

僕は「少しボールを曲げたい」場合は、ボールの少し後ろめに軸足を置きます。ようするに、**どんなボールを蹴りたいかで軸足が決まります**。重要なことは、自分の中で「この場所に軸足を置いたら、こんなボールが蹴れるな」と発見をする作業を重ねていくこと。蹴りたいボールによっては、蹴りにくいフォームがあるので、それを小さい頃から細かく研究することをおすすめします。

もう一つ大切なことは、**ひざの使い方**です。ひざの使い方で上体を寝かせたり起こしたり、またボールに対するインパクトの角度や高さが変わります。これは**キックの軌道や強弱を調整している要素**です。

キックの種類は足の当てどころの問題だから、フォームはある程度その形になっていればかまいません。それも状況によって使い分けられ、その時々で瞬間的に変わる可能性があります。軸足を置いてしまうと変えられないので、調整できるのはひざの使い方になるのです。

ストライカーはそこの意識を持つことが大切なことだと思います。

それぞれのキックの軸足を置く位置

インステップキック / インサイトキック / インフロントキック / ボレーキック

ADVICE

- 人それぞれ骨格が違うから蹴り方と同様に軸足の置きどころも異なってくる
- 自分の中で「この場所に軸足を置いたら、こんなボールが蹴れるな」と発見をする作業を重ねる
- ひざの使い方で上体を寝かせたり起こしたり、またボールに対するインパクトの角度や高さが変わる

GOALHUNTER
METHOD

06

いいファーストタッチは
シュートからの逆算で！

シュートにつなげるためにとても重要となるのが、
次のプレーを左右するファーストタッチの質である。

シュートまでの動作に
ファーストタッチを組み込む

　ストライカーのファーストタッチは「こんなシュートを打ちたい」というイメージからの逆算で行うべきだと考えています。だから、必ずピタッと足下に止めなければならないわけではありません。自分の動作と一緒にスペースに運ぶファーストタッチもあれば、わざと浮かせてシュートスペースを作り出すファーストタッチもあります。さらにファーストタッチがシュートという選択も持てます。いずれにしろ「この状況でボールが入ったら、こんなシュートを打とう。そのためにはこんなトラップが必要だ」と逆算した上でのファーストタッチがベストです。シュートまでの動作にファーストタッチを組み込むイメージです。

　多くの指導者はトラップの後にシュートを打つと教えますが、僕はシュートからの発想でファーストタッチが決まると考えています。試合中、ストライカーは常にマークを受けた状態だし、トラップした後に顔を上げてシュートコースを目視できる状況にはありません。だから、そのことを意識して練習に励まなければシュートはうまくなりません。ＦＷとしてシュートを打つという最善の選択肢に適したファーストタッチを考えてトレーニングしてください。

　一例ですが、2013年12月22日の天皇杯準々決勝・ヴァンフォーレ甲府戦のゴールをあげ

てみます。

　ＤＦ水本裕貴選手からの強くて速いパスをアウトサイドでタッチし、決めたゴールです。パスの勢いとバウンドした状況をあえて利用し、ファーストタッチを浮かせることで、ＤＦの頭上を抜いてＧＫと１対１の状況を作りました。あとはボールをコントロールして、しっかりと捉えられたらゴールを決められると思っていたので、合わせることに集中しました。

　難易度が非常に高いプレーですが、チームメイトにあまり驚きはなかったと思います。なぜなら、この形でのゴールは僕が日頃から何度もトライして成功させているものだからです。相手ＤＦも、まさか浮かせたファーストタッチをして、ダイレクトでシュートを打つとは考えていなかったので、ブロックの対応が遅れました。このゴールは難易度が高いプレーだからこそ、ＤＦ陣を上回れたのです。

　大切なことは難しいシュートでも難しいファーストタッチでも練習からトライし、イメージを作っておくことです。

GOALHUNTER

ヴァンフォーレ甲府戦のゴール
（2013年天皇杯準々決勝23分）

→ ボールの動き
⇢ 人の動き

水本裕貴選手からのボールを中央で受けて、ファーストタッチでＤＦの頭上を抜いてＧＫと１対１の状況を作って決めたシーン

POINT

日頃の練習から常にゴールからの逆算を意識していたことと、ボールの軌道や状態を瞬間的に判断したことで生まれたゴール

BEST GOAL PLAY BACK

イメージ通りのファーストタッチと味方との連携で生まれたゴール

DVD収録

試合情報

【日時】2015年6月20日（土）
【カード】J1リーグ1stステージ第16節　vsモンテディオ山形
【会場】エディオンスタジアム広島
【得点時間】26分
【内容】相手マークを外してスルーパスを受けてからのゴール

GOAL SCENE

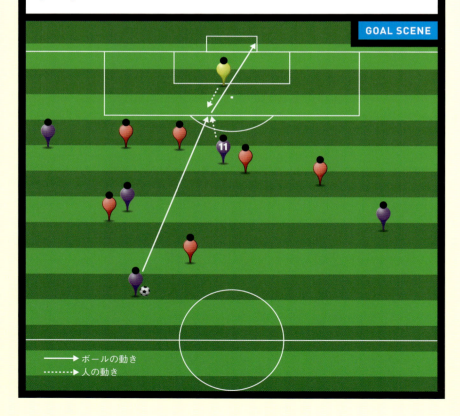

→ ボールの動き
┄┄▶ 人の動き

Point in Check

日頃から「とにかく速いボールをくれ」と要求することで、そのイメージを共有ができている青山敏弘選手からスルーパスが通る

ここでゴールを背にした状態でもゴールに直結するファーストタッチをしっかりイメージを持つことが大事

シュートまでの時間を短くし、GKが寄せる時間を作らせなかったこともゴールを決められた大きな要因

Hisato's voice

出し手のパススピードはゴールに直結します。それによっては、FWは体の向きを変えるだけでシュートを打てるし、DFも置き去りにできます。このゴールが生まれたのは<u>パススピードが速かったから</u>です。シュートまでの時間を短くし、DFやGKに寄せる時間を作らせなければ、FWは落ちついてシュートを打てる状況を作れます。<u>日頃からパスの出し手に「どんなパスがほしいのか」を要求する</u>ことは大切です。試合の中で自分にとって優位な状況を作ることに直結するからです。

GOALHUNTER
METHOD

07

DVD 収録

いろいろなシュート練習で実戦的なイメージをつかむ！

プロの世界でもシュート練習は日々行うもの。
実戦的な感覚をつかむために大切なこととは何か。

創意工夫をしながら実戦感覚を養う

シュートといっても、さまざまなパターンがあります。だから、僕はいろいろなシュート練習をすべきだと考えています。

ボールが素直に足下に入ればいいですが、イレギュラーする場合もあります。

また相手がいる場面やフリーの場面、少し浮いたボールやハイボールなど、それぞれの状況に応じてベストなシュートをしなければゴールの確率は上げられません。大事なことは、**実戦の場面を自らでイメージしながらシュートを打つ**ことです。

その中で、僕が心がけていることはより実戦的な状況に近づけるため、いいボールだけを供給しないように出し手には伝えています。ようするに、速いパス、浮き球のパスなど自分がシュートを打ちやすいボールだけを要求せず、動きに合わない都合の悪いボールを出してもらうなど、さまざまなパスに対応できるようにトレーニングをすると吸収力が違います。

たとえば、ドリブルからのシュートや壁パスからのシュートでもオフ・ザ・ボールの動きを加えてゴールを狙ったり、後ろ向きの状態からスタートするなど自分なりに試合を想定し、創意工夫をしながら練習をしています。とにかく、いろいろな状況や、いろいろなパスの種類と強弱を自分で作り出し、実戦感覚を養うことを強く意識してください。

実戦的なシュート練習の例

→ ボールの動き
┈┈▶ 人の動き
〜〜 ドリブル

シュート練習例❶

相手がいない状態でも相手を置いた状態でも、ボールを運びながら、ドリブルからのシュート練習を行う。常に実戦的なイメージを持って、一方向だけの練習にならず、さまざまな方向からゴールを狙うようにする

シュート練習例❷

後ろにいる味方にボールを一度パスをし、すぐに動き出してボールを受けてシュートにつなげるという練習。出し手にはグラウンダーや浮き球などさまざまなボールを配給してもらい、そのボールに対して、ワンタッチコントロールから、もしくはダイレクトでゴールを狙う

POINT

大事なことは、実戦の場面を自らでイメージしながらシュートを打つこと

第1章 ゴールを奪うための大前提となる基本原則

GOALHUNTER METHOD

08

間接視野で敵を見る能力はストライカーにとって必要！

シュートを打つときにすべてを視認することは難しいが、
そのときにカギとなるのが間接視野である。

GKの位置を間接視野で確認できる能力を養おう

　一般的な指導者のシュートの教え方は「GKの位置を見て、シュートコースを狙おう」というものです。

　しかし、GKとうまく1対1の状況を作れたとしても、**顔を上げて直接彼らの位置を確認できる時間はほとんどないのが現実の試合です**。もちろん、頭の中にいろいろな情報を入れておくことは大事なことです。

　たとえば、GKの守備範囲です。ポジションを前にとるタイプなのか、後ろに構えるタイプなのかなどがあると思います。それによって前に出てくるタイプなら顔を上げる時間はないけれど、後ろに構えるタイプなら

シュートコースを考える時間的な余裕があります。

　ただ、それはボールをコントロールしたときに自分が前を向けているかどうかにもよりますが、たとえ前を向いていたとしてもGKやゴールを確認する時間はあまりありません。

　だから、**間接視野でGKやシュートコースを見る能力を高めることはストライカーにとって必要不可欠**です。

　ポイントは**頭が下がらないようにプレーする**ことです。少しでも頭が下がると極端に視野が狭まるため、日頃から頭を下げずにプレーし、間接視野を広げることを意識しましょう。そうすれば、見える景色の情報がより鮮明化し、その中での判断力も向上します。

サッカーの試合の中では、たとえ前を向けた状態でもGKやゴールを確認する時間はほとんどない

GOALHUNTER METHOD

09

ペナルティエリアで使う
キックフェイントは有効

相手の裏をかくために、一つの武器となるのがキックフェイント。

キックフェイントを使い
相手の心理の裏をかく

　キックフェイントはペナルティエリア内で有効なフェイントのテクニックです。相手ＤＦはシュートモーションに入ると、必ず最後に足を出してきます。だから、股の下を狙うイメージを持ってキックフェイントをするとその部分にぽっかりと穴が空いた状態になります。

　そこをゴロで通すと、ＧＫはＤＦが足を出した方向に気を取られて体がそちらに寄っているので反応が遅れます。その場合、意外にシュートコースがあまりよくなくても入ってしまうことも多いのです。

　僕の主観ですが、昔でいえばストイコビッチ、現役でいえばヤットくん（遠藤保仁選手）など10番タイプの選手はキックフェイントが得意だという印象です。彼らは**ＤＦやＧＫを欺いてやろうという意識が強いから対戦相手の心理の裏をかくのがうまい**です。

　逆に、僕らストライカーはシュートを打ちたがるからこそ、キックフェイントもうまく織り交ぜながらプレーできたら武器になるかもしれません。

　キックフェイントは相手をだますテクニックの一つだから、**ボール保持者側が主導権を握れるかどうか**がカギになります。つまり、その後のプレーまで考えていないと、DFにとってはそれを使われても「だから、何？」となるわけで、怖いのはその後にプレーを続けられるこ

とで自分が対処できないことなのです。役者になって上半身を大きく使って「蹴るぞ」と見せかけることも大事になってきます。

自分の得意とする
シュートコースを作る

そもそもキックフェイントは突き詰めると、相手との間をずらし、シュートを打ちやすい状況を作ったり、シュートコースを生むことが目的になります。自分の得意とするシュートの形に持ち込む、またシュートコースを作る手段です。だから、先のプレーを見据えていないと意味がない。FWは常にゴールのために「どう仕掛けるか」を考えておかなければならないということです。

ゴールの可能性を増やすには**自分の得意とする足、コース、タイミングなどあらゆる要素を含めた「自分の形」に持っていくことが大切です。**

キックフェイントを成功させるというよりは「どう、それを使えば自分の形になるか」ということとセットで練習すべきだと考えています。

PHOTO●徳原隆元/アフロ

シュートモーションに入ると、相手DFは必ず最後に足を出してこようとするので、そういったときにキックフェイントが有効手段の一つとなる

GOALHUNTER METHOD 10

GKとの1対1で決定率を高める方法とは

GKとの1対1はゴールを奪える貴重な状況。
その状況でゴールの確率を高める方法とはどんなことか。

より決定率を上げるにはゴールに対し曲線を描く

　ＧＫとの１対１の状況でシュートを打つ場合、大事なことの一つは彼らの間合いに近づきすぎないようにすることです。ＦＷはＧＫに近づくほど、シュートコースの空間が狭まるため、近づきすぎるとＧＫが滑り込みながらフィニッシュを防ぎに来たときに、ＧＫの上を抜くしかなくなります。当然、彼らは足も出すことができるから左右のコースもつぶしにかかってきます。

　だから、僕はゴールからのシュートコースを直線で捉えるのではなく、曲線でイメージするようにしています。つまり、ゴールという枠の外側から内側に入れるイメージを持てばコースは広がり、落ちついてシュートを打つことができます。

　あくまでも確率論ですが、自分から見たシュートコースを直線だけで考えている選手と曲線でも捉えられる選手とでは絶対に違いが生まれてくると思います。

　ＧＫは必ず自分の間合いに持ち込もうと努めるから、ＦＷはファーストタッチでその間合いに入らないようにも気を配ることが重要です。

　ＦＷが駆け引きをするように、ＧＫも駆け引きをして、ＦＷを上回ろうとするのは当たり前です。だから、ＧＫの立場になって「何をされたら嫌か」を考えてみることが大切です。トレーニングでいろいろなケースを試してみましょう。

GKとの1対1での考え方

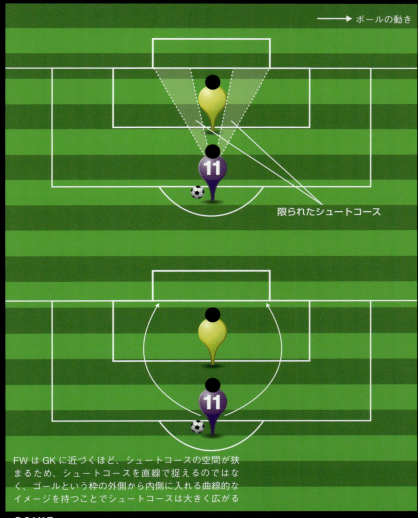

→ ボールの動き

限られたシュートコース

FWはGKに近づくほど、シュートコースの空間が狭まるため、シュートコースを直線で捉えるのではなく、ゴールという枠の外側から内側に入れる曲線的なイメージを持つことでシュートコースは大きく広がる

POINT

下の図のように、シュートコースを直線で捉えるのではなく、曲線でイメージすることで、GKの手の届かないところにシュートを打つことができる

BEST GOAL PLAY BACK

たった一人のFWとMFのプレーで相手を一瞬にして無力化したゴール

DVD収録

試合情報

【日時】2015年3月7日（土）
【カード】J1リーグ1stステージ第1節　vsヴァンフォーレ甲府
【会場】エディオンスタジアム広島
【得点時間】10分
【内容】1本のロングパスに抜け出して決めたゴール

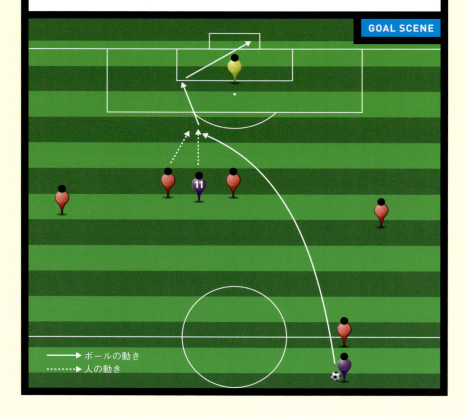

GOAL SCENE

──▶ ボールの動き
┈┈▶ 人の動き

Point in Check

自陣内で森﨑和幸選手の横パスを受ける時点で青山敏弘選手は、すでに前線の佐藤寿人選手の動きを視認

相手の背後を狙った青山敏弘選手からの1本のロングパスが通る

浮き球を胸トラップでワンタッチコントロールをして、最後はゴール右隅にシュートを突き刺す

Hisato's voice

サッカーはたくさんのパスをつないでゴールを奪うことも醍醐味ですが、ストライカーとパサーの二人だけで相手のDFとGKの守備を無力化したゴールも非常に価値の高いゴールです。ポイントは<u>イメージの共有</u>です。青山選手がラストパスを送る前に何気ない横パスが入ったのですが、その間に僕と彼の中でシュートまでの最終イメージが描けていました。普段の練習から<u>受け手の動き出し</u>と<u>出し手のラストパスのイメージ</u>を何度も合わせているからこそ、本番の試合で成功したのです。

佐藤寿人選手の
真骨頂ともいえる
「オフ・ザ・ボール」の動き。
その動きをマスターするために
大切な要素を一つひとつ
説明していく。

第2章
勝敗を決める
オフ・ザ・ボー

ルの動き

GOALHUNTER METHOD

11

オフ・ザ・ボールの動きがゴールの確率を高める！

オフ・ザ・ボールの動きでゴールが決まるといっても過言ではない。
その動き方の基本について触れていく。

感覚的にゴールの7割がオフ・ザ・ボールで決まる

　決定率を高めるためには、オフ・ザ・ボールの動きで勝負をつけることが大切だと考えています。

　つまり、**簡単にゴールを奪うためには、どういう形でボールを引き出せるか**にかかっているのです。

　基本的に、ストライカーは常に相手DFにマークにつかれている状態です。もしオフ・ザ・ボールを考えなければ、対峙したDFを交わしてGKと1対1の状況を作り出さなければなりませんが、オフ・ザ・ボールでGKと1対1の状況になれば、一人の選手を相手するだけでゴールを狙うことができるのです。

　もちろん、ストライカーにはさまざまなタイプがいて、単独突破できる選手もいれば、味方とのコンビネーションで自分が生きる選手もいます。

　僕自身が味方に生かされるタイプのFWであることもありますが、ストライカーは「**いかに自分の動き出しでパスを引き出し、一本のパスでゴールに結びつけられるか**」が大事なことだと考えています。

　だから、ゴールを奪うための要素として、オフ・ザ・ボールでの勝負の動きはかなりの割合を占めています。個人的な意見として、7割ぐらいはその動きでゴールの確率が決まってくると考えています。

　オフ・ザ・ボールの動きで重

要なことは主に三つです。まずは**DFの特徴をつかむ**こと。スピードがあるDFを相手にまともに走り合いをしてもボールをカットされてしまいますし、高さのあるDFに対してハイボールを要求してもクリアされてしまいます。試合中に相手のクセや傾向を探ることは勝負する上での常套手段です。

次に、**味方とタイミングを合わせる**ことです。右利きの選手が左足でボールを持っているときに動き出してもパスは供給されません。右足に持ち替えた瞬間を狙って動き出せば、あとはこちらの動きに気づくかどうか。日頃から話し合いをしたり、要求するなどコミュニケーションをとることで"あうんの呼吸"が生まれます。

最後に、**ストライカーは受け手だからこそ、何度も動き続ける**ことが必要です。パスは10回動いて1回出てくればいい方です。当然動きの回数が10回から5回に減ればシュートの回数も減少しますし、その分ゴールの確率は下がる一方です。

この三つのポイントを意識し、オフ・ザ・ボールの質を高めていきましょう。

ストライカーは「いかに自分の動き出しでパスを引き出し、一本のパスでゴールに結びつけられるか」が大事となる

GOALHUNTER METHOD

12 オフ・ザ・ボールの動きを どう身につけるべきか

オフ・ザ・ボールの動きを身につけるためには、
どういった練習や意識が大切なのか。

オフ・ザ・ボールの動きは 身体能力に左右されない

　オフ・ザ・ボールにこだわる理由は、身体能力に関係なく身につけられるスキルだからです。僕は小さい頃からスピードなどフィジカル面で優れた選手ではありませんでした。だから、常に「ゴールを奪うためにはどうしなければならないのか」を考えなければ得点がとれませんでした。

　あるとき、コーチに「ドリブル禁止」というルールを設けられました。すると、必然的にゴールを奪うためには、オフ・ザ・ボールの動きでＧＫと１対１の状況を作らなければなりません。自然に相手ＤＦの目を盗んで裏をとるなどを意識してプレーするようになりました。

　つまり、守備陣との駆け引きです。彼らは原則として、ＦＷと出し手を同一視野に入れて体の向きを作ります。だから、僕は**ＤＦの背中をとる動き**が一つのポイントだと考えています。もちろん、パスがＤＦの背後に通ればいいですが、そう簡単にはいきません。**わざとＤＦの視野に飛び込み、相手を引き連れて背後のスペースを空ける**ようにも努めています。そういう動きを繰り返し、対峙する相手と常に駆け引きを行っています。

　これはフィジカル能力に長けていなくても、誰もができることです。ストライカーとして、頭の中にそんな視点や考えを持つことさえできれば身につけられる能力です。

ゴールに対する
アイデアを出し合う

　ではどう考えていけばいいのか。ゴールを奪われることは、ＤＦにとってはミスをおかした結果であるという考え方が必要です。

　つまり、**ＦＷが守る側にミスを誘発させる**。そのためにどうすればいいのかを常に考え続けることが必要です。だからこそ、**敵の守り方やＤＦの考え方、またＧＫの動き方や考え方など相手の情報を取り入れること、試合中に探ることはストライカーの大切な仕事**です。そうすることで、「こんな動きやプレーをされたら嫌だろうな」という予測が立てられていくのです。

　育成年代の頃、ＧＫコーチに「ＧＫはここに蹴られたら嫌だよ」など相手から見た嫌らしいプレーのアドバイスを多くもらっていました。僕は指導者にストライカーとして育ててもらったと思っています。

　そもそも自分一人のプレーや考えだけではゴールは奪えません。ＦＷをはじめ、中盤やＤＦを含めて複数の選手でゴールを作り出しているのです。ゴールに対するアイデアは数多くあるに越したことはないですし、そのために味方と自らのアイデアを互いに出し合うことは大事なことです。

　僕は日頃から**たくさんのゴールシーンを映像で見てイメージを増やす**ようにしています。また、それらを自らが具現化するためにはプルアウェイ、チェック、ダイアゴナルなどの動きを連続して実行しなければなりません。とにかくトライしてＤＦがどう対応したかを振り返り、データを増やしましょう。

ADVICE

- 体の大きい・小さいに関係なく、オフ・ザ・ボールの動きで相手を上回ることができる
- 相手ＤＦの背後に、またわざと相手の視野に飛び込むなど、さまざまな動きをくり返して駆け引きを行う
- 自らのアイデアを出しながら味方とのコミュニケーションをはかり、ゴールを作り出すことが大切

GOALHUNTER METHOD 13

出し手との共有イメージを増やすことがゴールへの近道

サッカーは集団スポーツの一つ。
味方とのコミュニケーションも重要な要素である。

自らの意見や意思を言葉で伝えることが大事

　ストライカーは最前線にいてＤＦと対峙しているから、相手を観察することが大事になります。しかし、パスは味方から供給されるものだから、もう一つ重要なことは出し手とのタイミングです。

　つまり、共有イメージです。ストライカーはゴールを奪う職人だからこそ、まずは自分から「次はここに走り込む」という意思を発信しなければならないし、それを言葉やジェスチャーで味方に伝えなければなりません。そのやりとりの積み重ねが出し手にとって確信の持てるパスになり、"あうんの呼吸"につながっていくのです。

　ＦＷは受け手として試合の流れを読み、「次はこうなるだろうな」という予測のもと動き続けます。しかし、その通りにならないことは多く、予測を繰り返さなければならないことを理解しなければなりません。

　予測通りにならなかった場合には、すぐに考え直して動き、常に一定の動きではなく、変化をつけることが大切です。そのためにはパスが回っているときに「どの選手がボールを持ち、どのタイミングでパスを出せるのか」と味方を把握しながら動くことが必要不可欠です。

　たとえば、ロングパスが出せない選手なのに、遠くでＤＦの背後を突いてもパスは出てきません。僕自身もエリアＡにボールが入っても動かないけど、エ

リアBになったら集中力を研ぎ澄まして動くこと、また動く準備をするなど、味方選手の特徴に応じてメリハリをつけています。右利きの選手が左足でボールを持っている時は動き出しても無駄だから右足に持ち替えたら動くなど、タイミングのとり方を変えています。

味方にも「右足に持ち替えたら動くからパスを出してほしい」と伝えますし、「左足で持っている場合は動き出しをするから見てほしい」と要求します。出し手も「常に見てほしい、出してほしい」といってはきっかけがつかめません。**チームメイトと意見を伝え合い、タイミングをすり合わせる**ことはストライカーの務めだと思います。

これを単にコミュニケーションという言葉で片づけられると難しいところですが、味方との信頼関係を築いていく上では、やはり言葉で自らの意見や意思を伝えることはとても大切なことです。

対話ができないとストライカーは務まらない

FWにもさまざまな選手がいますから、なかには話すことが苦手な選手もいるかもしれません。しかし、僕はそういう選手はゴールをとるのに苦労するだろうなと感じています。

当然、プレーで示す方法もあります。ただ言葉のキャッチボールを重ねないと深まってはいきません。出し手が「ここにほしいんだろうな」と感じてはいても、それは「なんとなく」なのです。**FWにパスを出すという決断を、出し手に確信を持ってさせる**ことは、優れたストライカーの一つの力量だと考えています。

> **ADVICE**
> - 自分の意思を言葉やジェスチャーで味方に伝える。そのやりとりの積み重ねがゴールにつながる
> - 予測通りにならなかった場合にすぐに考え直して動き、常に一定の動きではなく、変化をつけることが大切である
> - 味方としっかりと意見を伝え合い、タイミングをすり合わせることはストライカーの務めである

GOALHUNTER
METHOD

14

DVD 収録

必ず覚えておきたい オフ・ザ・ボールの基本動作

ここではオフ・ザ・ボールの動きの基本となる三つの動きに触れてみる。

オフ・ザ・ボールの動きは 基本3パターンの融合

　僕がオフ・ザ・ボールで使っている動きは基本三つです。具体的には、**プルアウェイ、ダイアゴナル、チェック**。この三つを組み合わせてDFと駆け引きをしています。どれをどのタイミングで用いるかは感覚的に使い分けていますが、チェックの動きは足下でボールを受ける前に行っていることが多いです。プルアウェイやダイアゴナルも使い分けているというよりは織り交ぜてプレーしています。

　たとえば、ダイアゴナルの動きでDFの裏のスペースを突こうとして「このタイミングだとオフサイドになる」と判断すれば、プルアウェイに切り替えてオフサイドを避け、ボールを受け流すようにしています。

　オフ・ザ・ボールで大切なことは**動きの連続性と変化**です。その方が断然、出し手もタイミングがとりやすいと思います。もしそこで合わなくても、次に切り替えやすいですから。仕掛けたタイミングが合わないからノーチャンスだとゴールから遠ざかるばかりです。

　だからこそ、それぞれの動きの単発では決定機を生むことは難しくなります。プルアウェイ、ダイアゴナル、チェックの動きを状況によって変化させ、連続性を持って仕掛け続けられる選手の方がよりたくさんのボールを引き出すことができ、決定機に結びついていくと考えています。

オフ・ザ・ボールの動き① プルアウェイ

→ ボールの動き
┄┄► 人の動き

相手ＤＦの視野から消えるように
外側から回る

POINT

相手DFはマークする選手とボールを同じ視野に入れながら守備を行うのが基本。だから、視野から消えるように動くことがポイント

オフ・ザ・ボールの動き② ダイアゴナルラン

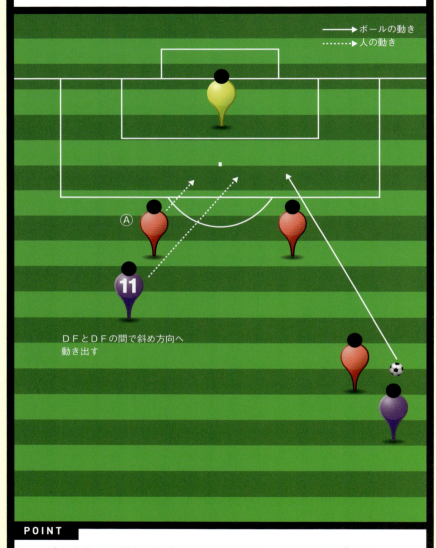

DFとDFの間で斜め方向へ動き出す

POINT

斜め方向への動きで相手DFの背後を狙う。もし相手DFⒶがマークについてきても、最初に自分がいたポジションのスペースを活用できる

GOALHUNTER

オフ・ザ・ボールの動き③ チェック

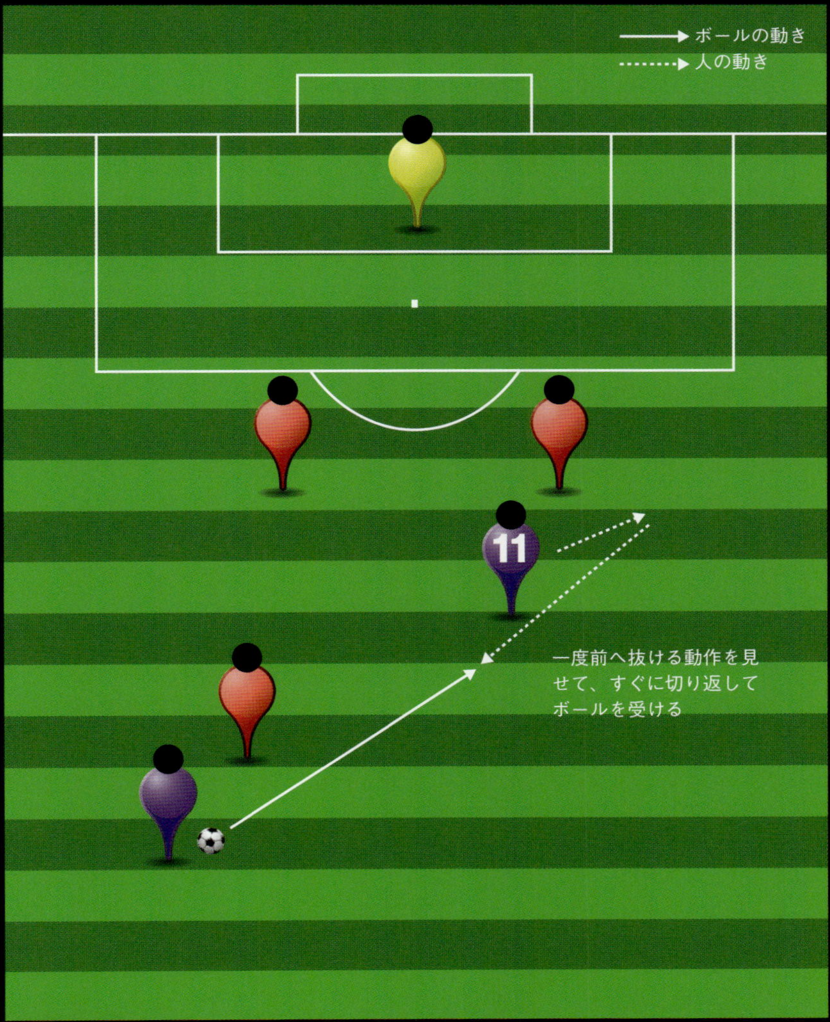

→ ボールの動き
┈┈▶ 人の動き

一度前へ抜ける動作を見せて、すぐに切り返してボールを受ける

POINT

前に抜けるという一瞬の動きを見せてから素早く切り返す。だからステップワークが大切となる

第2章 勝敗を決めるオフ・ザ・ボールの動き

GOALHUNTER METHOD

15

常に対峙するDFを観察し特徴を生かすように動く

サッカーでは味方だけでなく、相手のことをよく知ることもゴールへの近道となる。

確認すべきことは相手の身体的な特徴

　何度も口にしていますが、サッカーは相手があるスポーツです。いくらドリブルが得意だからといって、3人の選手を相手に無謀に仕掛けることは理にかなっていません。だから、**ストライカーはまず相手を観察することが必要**です。

　オフ・ザ・ボールの間に相手DFが「どう守備をしたいのか」を考えると、おのずと動き方が見えてきます。

　たとえば、相手が前でボールを奪いたいのか、少しスペースを空けておいて守りたいのかによって攻め方は変わるでしょう。僕はいつも試合ごとにDFの特徴を見定めています。

　「今日、このDFは前めにポジションをとり、ラインを高くとっている」と思えば、GKとの間にギャップが生まれやすくなります。だから、あえてDFラインの前あたりをふらふらと動き、中途半端な位置どりをしてよりラインを高く保たせます。そうすると、DFライン背後のスペースが空きます。

　逆に、DFラインを乱さずに攻撃の選手よりもラインコントロールを気にする選手であれば、プレッシャーをかけられることが減ります。そうすると、足下でボールを受けて前を向く機会を増やせます。

　見るべきことは対峙する相手の身体的な特徴です。スピード、高さ、横に素早く対応できるコーディネーション能力の高

さ、また利き足も判断材料の要素です。

身長がとても高い選手に対してハイボールでボールを引き出しても、僕のように背が低い選手にとっては効果的ではありません。「どんな選手なのかな」と相手に興味を持ち、特徴や傾向、弱点やクセが発見できれば、自分の長所を生かすことができます。僕自身がすば抜けたものを持っていて得点をとるタイプではなかったから気づいた部分もあるかもしれません。

相手を上回らなければ勝負には勝てない

サッカーは11対11で戦い、相手ありきでプレーせざるをえないことがたくさんあります。だから、対戦相手のことを知ることは当然だと思います。これは小学生であろうが、高校生であろうが、プロであろうが関係ありません。まだまだ自分の得意なプレー、長所や特徴だけでDFに勝負を挑んでいるストライカーは多いです。その場合、相手を上回らなければ勝負には勝てません。スピードのある選手を相手にわざわざ直接スピード勝負を仕掛ける必要はありません。いちいち「よーい、ドン！」で走らなくてもいいのが、サッカーの醍醐味なのです。

最終的な目的はゴールを奪うことです。だから、その時々の状況に合わせて、どういう形でボールを引き出せたら得点をとれる可能性が高まるのかを考えることは当たり前の作業です。

その判断材料の中に対峙するDFの要素が入るのは当然です。しっかりと相手を観察し、ストライカーとして効果的な働きを意識しましょう。

ADVICE

- 相手がたくさんいるのに無謀に仕掛けるのは理にかなっていない。だからこそ、ストライカーはまず相手を観察することが必要
- 相手の特徴や傾向、弱点やクセが発見できれば、自分の長所を生かすことができる
- スピード、高さ、横に素早く対応できるコーディネーション能力の高さ、利き足など判断材料の要素となる

BEST GOAL PLAY BACK

試合の状況に応じて一瞬で判断を切り替えてクロスに合わせたゴール

DVD収録

試合情報

【日時】2015年11月22日（土）
【カード】J1リーグ2ndステージ第17節　vs湘南ベルマーレ
【会場】エディオンスタジアム広島
【得点時間】42分
【内容】左からのクロスにファーで頭で合わせたゴール

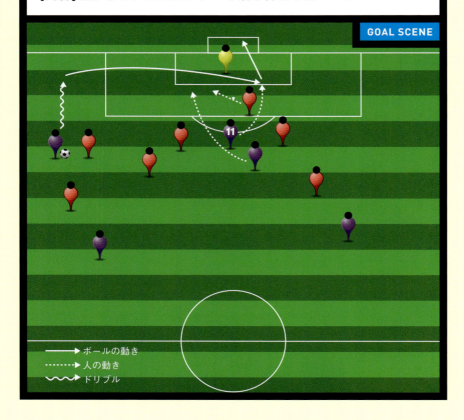

GOAL SCENE

→ ボールの動き
⇢ 人の動き
〜→ ドリブル

Point in Check

この時点では左サイドのからのクロスをイメージしながらニアを狙っている

ドウグラス選手がニアへ動き出したため、ファーへの動き出しを選択。そのときDFの背中をとることを意識

相手のマークをはずした位置をとり、最後はヘディングで決める

Hisato's voice

クロスでは<u>ニア、ミドルサード、ファー</u>に走り込むことが重要です。なかでも、ニアに走るのはその後ろのスポットが続く上でも大切なポイント。このシーンは先にドウグラス選手がニアに入ったため、僕は仕切り直してファーに流れました。ただマークの選手と15cmほどの身長差があったため、そのDFとの駆け引きが必要でした。そこでオフ・ザ・ボールの動きでDFの背中をとりヘディングでシュートを打ちました。<u>味方と相手の特徴を把握して動く</u>ことが実践できたゴールでした。

GOALHUNTER METHOD

16

ペナルティエリア内では より素早い判断が求められる

ゴールから近いペナルティエリアがストライカーの仕事場。
そこで求められることとは何か。

ゴールのカギとなる 三つの重要な要素

ペナルティエリア内こそがストライカーの仕事場だといっても過言ではありません。このエリアでは、スペースと時間が限られています。一つのボールコントロールのミスでシュートチャンスを逸してしまったり、不利な状況になってしまいます。それに時間をかけてしまったらＤＦに防がれてしまいます。

特に重要なことは**判断スピード**です。次のプレー、どういう形でシュートを打つのかなど、０コンマ何秒のところを早めていくことが大事になります。そのためには、**常に頭の中がクリア**になっていなければならないですし、次のプレーイメージを持っていないと動き出しが遅くなってしまいます。「ボールが来た。どうしよう？」と思ってシュートを打っても相手ＤＦにブロックされてしまいます。

ポジショニングという観点では、ストライカーはマークにつかれている状態です。だから、マークにがっちりと捕まえられないようなポジションをとり続けることが大事になります。その中で、その時々の状況で「どこにスペースが生まれそうなのか」を予測することが必要になります。

たとえば、クロスボールが上がるタイミングでは、ボールと攻撃の選手を一緒に見るために相手はＤＦラインを下げることが多くあります。そうすると、

より空いたスペースを見つけることが困難になる上、寄せる対応も速くなりますからボールを受けてもほとんど時間はありません。つまり、ゴールを決める一つひとつの作業により精度が求められます。

だから、ペナルティエリア内はストライカーにとって必要な技術のすべてが凝縮されているのです。それがファーストタッチであったり、シュート技術であったり、スペースを見つける目であったり、相手の裏をかくテクニックであったり……あらゆる要素です。

これが広いスペースであれば、もしミスをしたとしても次のプレーで取り戻すことができます。しかし狭いスペース、そして、**短い時間の中ではファーストタッチ、判断、シュートという三つの要素の質が高くなければゴールは生まれません。**さらにそのスピードが大事です。それには頭の回転が重要で、頭の中をクリアにしておかなければなりません。

考えて動き続けることを止めてはいけない

常に「ここでボールを受けた方がいいかな。いや、こっちがいいかな」と途切れることなく考え続け、ストライカーにとっては10回動いた中で1回でもパスが出てくればいい方なのです。だから、**FWは考えること、動き続けることを止めてはいけません。**

もしこのエリア内で5回しか動けなければ、おのずとシュートチャンスも減ってしまいます。ボールを引き出す作業を繰り返すとともに、ネットを揺らすさまざまなテクニックの精度と速度を上げていくことが得点の確率を高める最善の方法です。

ADVICE

- ペナルティエリア内は、ストライカーの仕事場だといっても過言ではない。しかし、スペースと時間が限られている
- その時々の状況で「どこにスペースが生まれそうなのか」を予測することが必要
- 短い時間の中ではファーストタッチ、判断、シュートという三つの要素の質が高くなければゴールは生まれない

GOALHUNTER METHOD

17

センタリングクロスからの得点率アップの考え方

ゴールを奪う方法としてサイド攻撃は有効であるが、
外と中の間で深く関係するのがクロスの質。

味方のクロスボールはFW発信で引き寄せたい

　クロスボールは大きく分けると、二つの種類があります。一つは相手のサイドを崩して放り込むものと、もう一つは早めにＤＦの裏を狙ってあげるものです。球質でいえば、横からのボールと斜め後ろからのボールです。当然、クロスボールをあげる選手のキックの精度が大きくゴールを左右しますし、高さも彼らに決定権があります。

　ただストライカー目線で見ると、**ＤＦの背後を狙って出されたボールの方がゴールの確率は高い**と考えています。その理由はＤＦの体の向きにあります。真横からのボールは準備さえできていれば、ＤＦはＦＷとボールの両方が見える体勢を整えることができます。しかしＤＦの背後を狙ったものは、ＤＦが自陣のゴールへ向かってボールとＦＷを追うことになるので高度な守備を求められます。さらに、後者の方がＧＫにとっても前に飛び出すタイミングをはかりにくいはずです。

　捉え方として、横からのクロスはキッカーが主体的であるのに対し、**斜め後ろからのクロスはＦＷがボールを引き出しやすい**といえるでしょう。

　つまり、ＦＷ発信でボールを受けているかどうかです。出し手もその視点を理解し、選択肢として人とスペースの二つがあることを頭に置いておくといいでしょう。

センタリングクロスの種類

サイドから真横、あるいはマイナスのボールは、DFにとってFWとボールの両方が見える体勢を整えることができるので、相手は守りやすくなる

斜め後ろからのクロスの場合は、相手DFが自陣のゴールに向かって守備をしなければならないリスクがあり、攻撃側が有利になりやすい

POINT

下の図の方は、相手DFが自陣のゴールへ向かってボールとFWを追うことになるので高度な守備を求められる分、ゴールの確率も高まる

GOALHUNTER METHOD

18

カウンターアタック時は常に視野から消えることを意識！

ゴールを奪うためにカウンターアタックも手段の一つ。
そのカウンター攻撃時にどんな動き方が必要か。

カウンターアタックは守備の隙を生むのがカギ

　カウンターアタックで重要なことは手数をかけず、いかに素早くゴールに迫れるかです。だから、ストライカー目線でいえば、**最終的にどこでフィニッシュを打てるのかをイメージ**しながら動かなければなりません。

　もちろん、目まぐるしく状況が変わり続けるからその時々で動きに変化をつける必要があります。

　さらに、**相手DFとの駆け引き**が大事になります。自分の動きを相手に把握された状態では、せっかくのチャンスを守り切られてしまいます。そこでDFの背後をとる動きがポイントになります。彼らの視野から消え、DFに状況把握のために周囲を見渡す動作をさせられたら時間と隙を生み出せます。

　守る側にとっては数的不利、同数であることが怖いので、攻撃側もこの状況で仕掛けなければチャンスは減る一方です。

　また、まっすぐ走るだけでは相手DFもゴールに対してまっすぐ下がればいいために混乱せず、ギャップも生み出せません。とにかく**DFにとって下がりながら守る状況で、マークの受け渡しや判断しづらいシチュエーション、また守りにくい体勢など不利な状況を作る**ことが大切です。そうすれば、自分のシュートイメージに合致したゴールに近づけるはずです。

相手が脅威と感じるカウンター攻撃の考え方

POINT

単にドリブルでまっすぐ進んでも相手は上の図のように下がるだけ。
守備側の混乱を作るには人（敵）に対して仕掛けることが大切

BEST GOAL PLAY BACK

ＤＦとＤＦの間に位置をとりクロスに対して明確なイメージを持って生まれたゴール

DVD 収録

試合情報

【日時】2015年6月7日（土）
【カード】J1リーグ2ndステージ第17節　vs柏レイソル
【会場】日立柏サッカー場
【得点時間】35分
【内容】右からのクロスからフリーで受けてゴール

GOAL SCENE

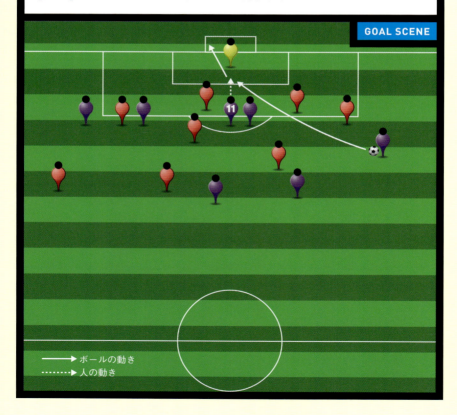

──▶ ボールの動き
┄┄▶ 人の動き

Point in Check

センタリングのクロスが入る時には左写真のようにＤＦとＤＦの間に入ることを心掛けている

相手ＤＦはどうしてもクロスをあげる選手に目がいくことから必ずそれをチェックしておく

クロスのボールに対しては、ゴールの位置をしっかり見られるポジションと体の向きを意識する

Hisato's voice

クロスで意識していることは <u>DFとDFの間にポジションをとる</u> ことです。DFはクロスをあげる選手を見なければなりません。だから、できる限りはっきりした情報を与えない場所どりをしています。同時に、どんな形で合わせるのかというフィニッシュをイメージしました。<u>ポイントはオフサイド</u>です。プルアウェイのような形で最終ラインを確認できる体の向きと、ゴールの位置を見られるポジションをとりながら動き続けることでオフサイドにかからず、クロスだけに集中できました。

GOALHUNTER METHOD **19**

1トップの仕事で使える
ポストワークの考え方

チャンスにつながるDFを釣り出すプレーに注目したい。

攻撃の位置を高めるためポストワークが効果的

　ポストワークの大きな利点はボールを最前線に運べることです。高い位置で起点を作ることで、味方のＤＦラインを押し上げることができる上、**攻撃の全体的な位置を高める**ことができます。

　裏を返せば、ポストワークの位置が低いと相手の守備陣にとって怖さは半減します。

　ようするに、ＦＷがパスを受けてボールをさばくことがポストワークではないのです。

　ＦＷがポジションを下げすぎたら、守る側にとっては状況が変わりません。シュートチャンスを生み出すことが大きな目的ですからゴールによりボールを近づけることが重要なのです。

　もう一つのポストワークの狙いは**守備陣を崩す**ことです。ボールを受けることも大事ですが、相手ＤＦを前に釣り出したり、後ろへ押し込んだりして守備陣形を壊し、シュートスペースを作り出すことも重要です。何もストライカーだけがゴールを奪わなければならないわけではありません。

　たとえば、相手が３バックを採用している場合（右図参照）、中央のＤＦを前に引き出せたら、自らも裏を活用することができるし、味方もそこを利用することができます。

　自分のポジションと守りを崩すことを考えてオフ・ザ・ボールの動きを行いましょう。

GOALHUNTER

ポストワークでチャンスを作る

............▶ 人の動き

スペース

中央のDFを高い位置に釣り出すため、オフ・ザ・ボールで惑わせながらポストに入ってボールを引き出す。すると、中央のDFはマークにつかざるを得ないため、最終ラインが逆V字の形になって後ろにスペースが空く

POINT

ポストワークの狙いはゴールによりボールを近づけることと、守備陣を崩すことにある

GOALHUNTER METHOD

20

FWがコーナーキックで持っておきたいイメージ

インスイングとアウトスイングのボールで
コーナーキックの動き方は変わってくるという。

コーナーキックはとにかく予測が大事

コーナーキックはチーム戦術、キッカーの球筋にもよるので難しいところもあります。ただ、「どんな形でボールが流れてくるか」を予測すること、イメージをすることは、ストライカーにとって大事なことです。

たとえば、インスイングとアウトスイングの場合はボールの流れ方が異なります。僕はGKの前に立っていることが多いのですが、**コーナーキックを直接合わせてゴールを奪うというよりは、味方が触ったボールを狙ってゴールする**ことをイメージしています。

インスイングの場合、コーナーキックから味方が触れたボールは、シュートを打てるようなところにこぼれることは少なく、自分にチャンスが多いわけではありません。ただGKはキャッチングやパンチングの対応に追われるからその壁にはなれます。

アウトスイングの場合、ゴールからボールが遠ざかっていくため、GKは前に出づらくなり、ポジション修正に止まります。

このときは視野を消したりしながら動きつつ、味方の反応によってはボールがこぼれたり、流れる可能性があるからそれを予測し、チャンスを狙っています。**ポジションを変えつつ、常にチャンスを予測**することがシュートチャンスへの準備としてできることです。

インスイングとアウトスイングの違い

（インスイングの場合）

インスイングの場合、GKに向かうボールになるので、GKのキャッチングやパンチングを防ぐことが目的となる

（アウトスイングの場合）

アウトスイングの場合はGKが出にくいボールとなり、中でヘディングなどであわせた選手のボールが図のスペースなどに流れることがあり、そのボールを狙うことができる

→ ボールの動き
┈┈▶ 人の動き

POINT

インスイングとアウトスイングの場合はボールの流れ方が異なるので、それぞれでどんな狙いを持つべきかを考えながらプレーしよう

GOALHUNTER METHOD **21**

オフサイドにかからない動き方と考え方を身につける

最終ラインを越えてオフサイドにならないためには
どんな動き方や考え方をすればいいのか。

オフサイドはライン確認 守備との駆け引きが必要

　オフサイドにならないためには、**DFラインの最後尾の選手を常に把握しておく**ことが基本です。その上でゴールが目的だから相手の守備の状況を把握し、走り込むスペースを見定めます。あとは出し手とのタイミング次第です。

　相手DFがラインコントロールを巧みに行うチームは、隙がないからシュートチャンスを作らなければなりません。FWは意図的に守備の綻びを作ることが求められます。

　DFラインはプレスを効果的にするために前線との距離を短く保ちたいものです。だから、クリア後や攻撃側のバックパス後はラインを上げる傾向があります。FWにとってはそこが狙い目です。味方とのイメージの共有が必須ですが、相手がDFラインを上げるのが予測できていれば、バックパスのボールをダイレクトで相手DFラインの裏のスペースに引き出すことでゴールチャンスが生み出せます。

　そこで心掛けることは質の高い動きです。**プルアウェイやダイアゴナルといった曲線の動き**をすれば、守備がラインを上げても出し手がボールを蹴る時間を作れます。タイミングもオフサイドにはなりません。この動きをスムーズにするためにステップとコーディネーションの能力を養いましょう。

最終ラインの背後のとり方

❶味方のバックパスが入ったときがチャンス

→ ボールの動き
⇢ 人の動き

最終ライン

味方がバックパスを入れたときが、裏へ抜けるタイミング。守備側はバックパスが入るとラインを上げる傾向があるので、そこが狙い目となる

❷直線的な動きではなく、曲線的な動きを使う

曲線的

直線的

直線的な動きだけではオフサイドになりやすい。曲線的な動きをすることで時間とスペースを作り出すことができる

POINT

クリア後や攻撃側のバックパス後は最終ラインを上げる傾向があるので、その隙をうまくついて相手DFラインを見ながら動き出しを行う

GOALHUNTER
METHOD

22

絶対に意識づけたい こぼれ球への予測

GKがはじいたボールやポストやバーのはね返るボールに
ゴールを奪うチャンスが存在する。

こぼれ球を予測できれば大きくゴールを増やせる

　こぼれ球でネットを揺らしてゴールを決めると「ゴールへの嗅覚がある」と言われます。でも、これは嗅覚という抽象的なものではなく、**予測**なのです。もちろん、たまたま立っていたところにボールがこぼれてくる場合もあります。単純に運です。しかし、そんなことは早々起こるわけではありません。

　いま目の前で繰り広げられているプレーの先に、**どんな可能性があるのかをイメージして次のプレーにつなげられるかどうか**はストライカーにとっても、他のポジションの選手にとっても大切なことです。こぼれ球をゴールに入れることができるのは味方と相手守備の状況を確認し、把握しているからできることです。

　当然、予測通りにいかないことがほとんどです。ただ準備をしておかなければこぼれ球に反応することも、プレーに継続性を持って安定した仕事をすることもできません。

　サッカーをプレーすることは**予測の連続**だと考えられます。予測し続けることは、FWがゴールを入れるためだけではなく、他のポジションの選手にとっても必要なこと。サッカーIQの高さは勉強ができることとは違います。一つひとつのプレーを頭の中で整理して考え、予測して次のプレーにつなげることはサッカーをプレーする上で必要不可欠なことです。その

能力が高い人こそがサッカーIQが高いのだと思っています。

カウンター、コーナーキック、オフサイドなど、この章ではいろいろと話をしてきました。この章以外でも「予測」という言葉を数多く使っていますが、サッカーにおいてこれは大前提ではないでしょうか。

自然に体が動くために意識づけたい心掛け

こぼれ球でいえば、味方がシュートを打った瞬間に「入る」と思っていれば、きっと反応はできません。こぼれ球はゴールに入らないことを前提にして準備をしているからこそ反応できるのです。

つまり、味方がシュートを放っても自分がゴールを決めることを常に意識し続けているから自然に体が動いてこぼれ球をゴールに結びつけることができるのです。

意識して予測していなければ、シュートチャンスを一つつぶしていることになります。常に意識して予測することは誰でもできます。ストライカーはこのことを徹底することでゴール数を増やすことが役目なのです。

PHOTO ●松岡健三郎／アフロ

こぼれ球をゴールに確実に入れることができるのは味方と相手守備の状況を確認し、把握しているからこそできることである

GOALHUNTER
METHOD

23

自分の特徴を知ることも
ストライカーの武器の一つ

相手の特徴を知ることも大切ではあるが、
自分の特徴もしっかり把握しておく必要がある。

カズさんのマネが
少年時代の学びに

　僕はFWなので、一番の楽しさや喜びはゴールを奪うことです。小さい頃にカズ（三浦知良）さんに憧れ、カズさんが決めたゴールばかりマネをして練習していました。日本が初めてワールドカップ出場を決めた試合では、城（彰二）さんが入れたヘディングシュートを見て、「自分もあんなゴールを決めてみたい」といろいろな選手のさまざまなパターンのゴールをマネして、それが少しずつ自分の体に染み渡っていき技術になったと思います。小さい頃からそんなことを積み重ね、はじめて自分の得意不得意に向き合えるようになり、特徴を知ることにつながっていったのだと思います。

　それを繰り返していくと「これはうまくできた」とか「これはちょっと苦手」ということに気づけるのです。シュート技術一つにしても、たとえば、ヘディングが得意な選手はさらに他の選手に負けないぐらいヘディングの技術を伸ばせばいいですが、「ちょっと不得意だな」「自分の弱点だな」と思ってもうまくなるためにはそれをできるように努力することを怠ってはいけません。

　どの選手でも得意不得意はあります。特にストライカーは対峙するDFやGKを上回るものがなければ勝負に勝てません。だから、**得意だとする自分の武器を磨いていくべき**なのです。ゴールを奪うにはシュート技術

は必要不可欠だからいろいろなゴールシーンを見て、それをマネして自分の中にたくさんのシュートイメージを取り込んでください。

　その引き出しの数が多ければそこから逆算された動き出しやタイミングなどシュートまでのルートの多さに関連してきます。ようするにゴールを奪うために身につけるべきスキルの数につながっていくのです。僕の場合、それがオフ・ザ・ボールであったり、メンタル面であったり、ステップワークであったり、シュート技術であったりしたわけです。

自分の特徴を知ることがストライカーのスタート

　ストライカーにとっての仕事はゴールを奪うこと。その目的にたどりつくためには習得すべき多くの要素があるし、それらを知らなければ「自分が得意なことは何なのか」という特徴にすら気づくことはできません。なかには、感覚肌の選手がいて、そんなことを考えもしない選手もいるでしょう。でも、知っていればサッカー選手として有利なことが数多くあります。こういうことを受け入れることができるかどうかも成功する要素だし、FWであればゴールを多くあげられるかどうかに関わっていると、僕自身は思っています。サッカーを始めた頃から体が小さかったために、考えることが自分の武器になり、特徴の一つになったのかもしれません。

　プロとしてベテランと呼ばれる現在もゴールを重ねられる要因は、この考えることを続けてきたからだと思っています。

ADVICE

- 自分が好きな選手のプレーをマネしたり、できないことにトライしたりして、自分の得意不得意を見つける
- ゴールを奪うために「自分が得意なことは何なのか」をしっかり考えてプレーすることが大切

GOALHUNTER METHOD **24**

DVD収録

ラダートレーニングで ステップワークを高める

オフ・ザ・ボールの動きを身につけるためには
ステップワークを養うことも重要となる。

ラダートレーニングでステップワークアップ

　オフ・ザ・ボールの動きはプルアウェイ、ダイアゴナル、チェックというステップを途切れることなく、連続して使えることが大切です。

　最終的にはシュートを打つことが目的ですから、そこまでの動きをスムーズ、かつ素早くできれば**相手のDFやGKよりも一歩先にプレーすることができて有利になります**。体を自分の思い通りに、イメージ通りに動かせる能力を伸ばすことはストライカーにとっては重要な要素です。

　ステップワークを身につけるために、ジュニア世代からラダートレーニングをすることをおすすめします。その中で、僕が意識しているポイントを紹介します。

　まずは**上体をぶらさない**こと。足を動かすだけのトレーニングになると意味がありません。その理由は、上体がブレると状況把握の質が低下したり、クロスなどのボールに対する目線がブレるため、フィニッシュの質を落とすことになります。

　結果的に、足の運びや体の動きをスムーズにしつつ、上体がブレないことはシュートに対するイメージ作りの準備にもつながります。ぜひ、紹介する三つの基本トレーニングを積み重ねてストライカーとして武器となるステップワークを手に入れてください。

ラダートレーニングの基本【1】

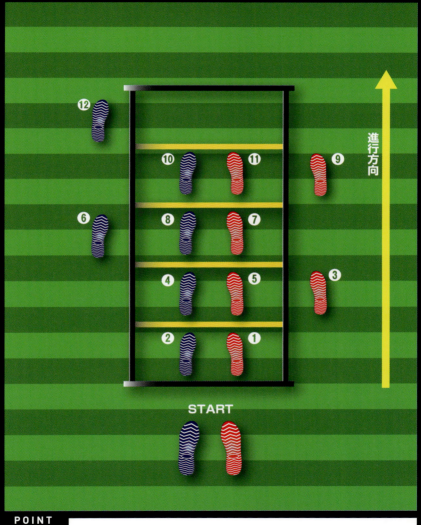

POINT

ベーシックなステップの一つ。ステップワークを身につけるために、まずは動きを覚えて、徐々にスピードをあげていけるようにしよう

ラダートレーニングの基本【2】

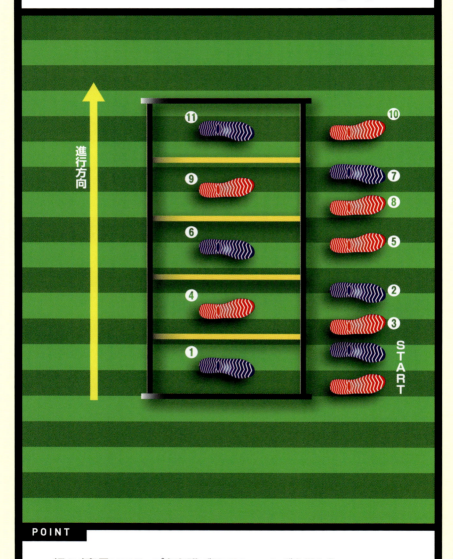

POINT

細かく素早いステップを意識づけてトレーニングを行おう

ラダートレーニングの基本【3】

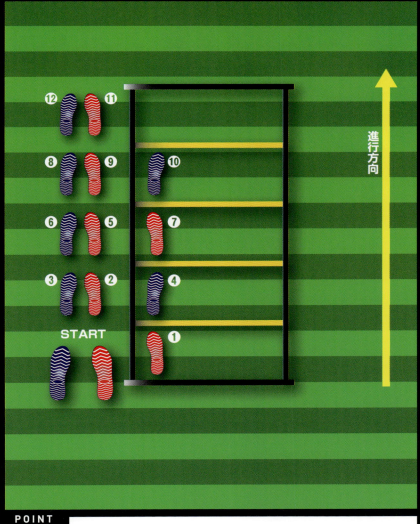

POINT

足をクロスさせる部分があるのでDVD映像で確認しながら、動き方をマスターしよう

第3章
相手の想像を
クリエイティ

ゴールにつながるシュートにも
さまざまな選択肢がある。
大切なことは、
相手が予測もつかない
シュートの選択肢を
常日頃から持っておくことだ。

超える
ブなゴール

ER 03

GOALHUNTER METHOD

25 ボレーシュート

DVD収録

豪快なゴールシーンにもつながるボレーシュートの基本を紹介する。

ZOOMUP

体を倒しながら
しっかりミート

体を横に倒しながら、浮き球のボールをしっかりミートさせて蹴るボレーシュート。体の状態が起きたままだとボールが浮いてしまう可能性があるので、体を倒しながら打つのがポイントです。自分の頭の中でこのボールが来たらボレーシュートだなと、常に意識しながら本番でゴールに結びつけられるキックができるといいでしょう。

ボールの軌道やスピードをしっかり目で確認をする

蹴り足のひざをしっかり曲げてボールから目を離さない

ボールの中心を足の甲でインパクトさせる。ボールを浮かさないように上半身の状態を意識する

シュートを打った後は、蹴り足をコンパクトに振り抜く

ADVICE

- あらかじめ自分の頭の中でこういったボールが来たらボレーシュートだというイメージを持っておこう
- ボールの軌道やスピードをしっかり目で視認しながらシュート体勢に入る
- ボールをミートするときにはしっかり軸足で支えて、ボールを浮かせないことを心掛けてシュートをしよう

GOALHUNTER METHOD

26

DVD 収録

スライディングボレー

ボールの軌道やスピードの状況を察知して、
スライディングしながら決めるボレーシュート。

ZOOMUP

ボールの落ち際を
うまくとらえる

前ページのボレーシュートをスライディングで行ったバージョン。ボールの落ち際をうまく見極めながら、ミートさせることがコツ。落ち際でボールをしっかりコントロールすることがシュートにつながるため、最後までボールを見てボレーシュートを打つことを心掛けています。

1. ボールの軌道やスピードをしっかり目で確認し、低いボールなのでバウンドに合わせて、シュートの姿勢をとる

2. 体を横に倒しながらひざを軽く曲げて、バックスイングをとる。この時点でもボールの位置から目を離さない

3. 体のバランスをうまく保ちながら、ボールの中心を足の甲でインパクトさせる

4. シュートを打った後は、蹴り足をコンパクトにして、ボールを浮かさないよう水平に足を振り抜く

ADVICE

- ボールのバウンドに合わせて、落ち際でうまくミートできるようにしよう
- スライディングするときには、体を少し倒しながらうまくバランスがとれるようにする
- バックスイングをとるときもボールから目を離さず、ボールを浮かさないように水平に足を振り抜く

BEST GOAL PLAY BACK

ゴールを背にした状態でも相手の予想をはるかに上回った芸術的なゴール

DVD収録

試合情報

【日時】2014年3月8日（土）
【カード】J1リーグ第2節　vs川崎フロンターレ
【会場】エディオンスタジアム広島
【得点時間】57分
【内容】GKの頭上を越える振り向きざまのボレーシュート

GOAL SCENE

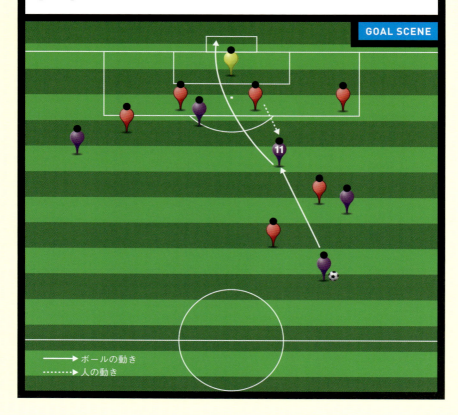

→ ボールの動き
┈┈▶ 人の動き

Point in Check

青山敏弘選手にボールが入った時点では、まだ相手DFの背後にいる

ボールが入ってくる瞬間に、相手DFの前でボールを受ける動きをする

ゴールを背にした状態でも、自分の位置を把握する中で「どんなシュートが打てるのか」を考えながらプレーを選択

Hisato's voice

FIFAの年間ゴール賞であるプスカシュ賞にノミネートされた特別なゴールです。そもそもゴールは相手を上回らなければ決めることはできません。相手DFがFWに仕事をさせたくないのは当然だし、対戦回数を重ねるほど研究と対策が上積みされます。あの場面はゴールを背にした状態でのシュートが最善の選択でした。そのため、意図的にボールを浮かせ、体の反転力を利用してキックに勢いをつけました。日頃からトライしているアイデアと技術が見事に発揮できたゴールでした。

GOALHUNTER
METHOD

27

DVD 収録

ジャンピングヒール

クロスボールに対して使えるキックの一つ。
ジャンプして軸足の裏を通す高度なシュート。

ZOOMUP

タイミングよく
ジャンプしてシュート

ひざより少し上ぐらいに飛んできたボールに対して、ジャンプしながら軸足の裏を通して蹴るシュート。ボールの軌道とスピード、そしてタイミングをうまくはかりながら、ボールに合わせます。ボールを当てる部分はインサイドの部分。当て方で、ニアやファーなどコースを使い分けられるシュートです。

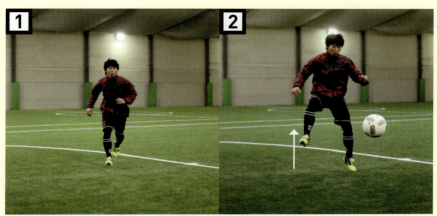

クロスに対してボールの軌道やスピードをしっかり目で確認し、シュートのイメージを持つ

ボールの軌道に合わせながら、その場でジャンプする

左足のインサイドの部分にボールを当てて、右の軸足の後ろ側を通す

シュートを打った後は、蹴り足をコンパクトにして、ボールを浮かさないよう水平に足を振り抜く

ADVICE

- あらかじめ自分の頭の中で、飛んでくるボールに対してシュートのイメージを持っておこう
- ボールの軌道やスピードをしっかり目で確認しながらシュート体勢に入る
- ジャンプのタイミングや軸足の裏でミートさせるコツを練習してつかもう

GOALHUNTER METHOD

28

DVD 収録

ダイビングヘッド

クロスボールに対して飛びこんでヘディングをするシュート。
勇気を持ってシュートする気持ちが大切。

常にボールから目を離さず
タイミングよくダイビング

自分のいる位置より少し前に低弾道のボールのクロスが上がってきたときに使えるのがダイビングヘッド。ボールに飛び込む勇気が必要となるので、普段から練習して実戦的なイメージをつかみましょう。ヘディングする際には、常にボールから目を離さないことが大切です。

1 ボールが飛んでくる軌道に合わせながら、前に飛び込むイメージでダイビングヘッドの体勢をとる

2 頭でミートするまでボールから目を離さず、自分のおでこあたりにボールを当てる

3 自分が飛ばしたい方向に頭の正面を向けて、まっすぐ頭を押し出す

4 ヘディングした後は、両手で地面につきながら着地

ADVICE

- ボールから目を離さずに、軌道やスピードを目で確認して予測しながらヘディング体勢に入る
- ボールをミートするときにも目を離さず、狙いたい方向に首を振ってミートさせよう

GOALHUNTER METHOD **29** DVD収録

ドライブシュート

縦に落ちる弾道で壁を越えて決めるドライブシュート。
ストライカーならぜひ習得したいシュートだ。

ZOOMUP

縦回転をかけて
GKの頭上を越す

GKの頭上を越すようなシュートを打つときに有効なのがドライブシュート。落下してくるボールに対して、蹴り足を弓のようにしならせて打ち、縦回転をかけてゴールを狙います。インパクトするときは、ボールをこすり上げるようなイメージで蹴られるようにしましょう。

自分の手前で浮いたボールの軌道を目で確認しながら、落下スピードを予測する

蹴り足を振り上げ、キックモーションに入る。この時点でもボールから目を離さない

足の甲でしっかりミートできるよう、足首を固定してインパクトさせる

ボールを滑らせるように振り抜き、最後までボールを目から離さない

ADVICE

- ボールの落下してくる軌道を目でしっかり確認しながらミートできるようにしよう
- ボールをミートするときはインステップでこすりあげるようなイメージで蹴ってみよう
- 実戦ではＤＦやＧＫの頭上を越すようなシュートになるので、そのイメージを持って練習をしよう

BEST GOAL PLAY BACK

オフ・ザ・ボールの動きと一瞬の判断で選択した高難度のドライブシュート

DVD収録

試合情報

【日時】2013年9月28日（土）
【カード】J1リーグ第27節　vsサガン鳥栖
【会場】ベストアメニティスタジアム
【得点時間】23分
【内容】ロングパスからダイレクトで打ったドライブシュート

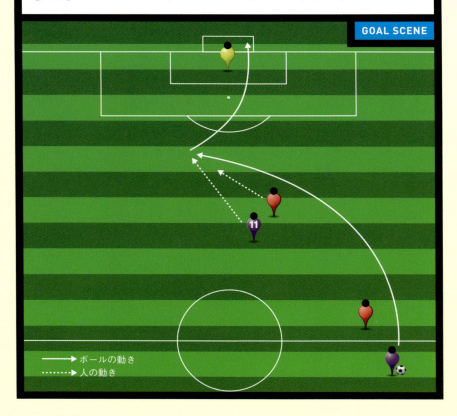

GOAL SCENE

→ ボールの動き
⇢ 人の動き

Point in Check

髙萩洋次郎選手がボールを所持している時点で、裏のスペースへボールを送るように要求する

ペナルティエリアの外とはいえ、相手ＤＦの寄せが甘かったため、シュートを選択する

ゴールの外側から内側に入れるイメージをもってドライブシュートを放つ

Hisato's voice

シュートの難易度は高めですが、自分の強みであるオフ・ザ・ボールの動きでパスを引き出せたのが決め手の一つです。加えて、髙萩選手にボールを要求してパスを受けたとき、<u>DFの寄せが甘かったのでシュートを選択した判断もよかった</u>です。ペナルティエリア外のシュートということで相手の予想を上回れました。シュートまではまさにイメージ通り。最後のドライブシュートはコース以上に、<u>枠の外側から内側に入れる</u>ことを頭に描いていました。GKを上回るスキルを見せられました。

第 4 章
ストライカー
必要なメンタ

ER 04

ストライカーの目的は
"ゴール"を奪うこと。
その目的を達成するために
プロサッカー選手として
身につけておきたい
メンタルが存在する。

GOALHUNTER METHOD **30**

常にミスを恐れず
ゴールを狙い続けろ！

ゴールを奪うためにゴールを狙い続ける必要がある。
ストライカーとしての心構えを紹介する。

精神的に鍛えられる
ポジションがFW

　ストライカーはゴールをとるためにプレーしているので、仕事としてそのウェイトがほぼほぼ占めると考えています。6歳からサッカーを始めてから変わらないことに、もちろん、勝利もありますが、ゴールの喜びが一番大きなものとしてあります。ずっとFWとして得点をとっている選手と、他のポジションでたまに得点をとる選手とでは喜びの感じ方も違います。だから、生粋のFWは常にゴールに貪欲です。

　プロ・アマを問わず、FWは子供の頃から勝ち負け以上に、ゴールを決められたかどうかと向き合っています。だから、試合の勝負プラスαとして得点をとることについて葛藤し続けています。精神的に強くならなければいけないし、たくましなっていくポジションです。プロになってから強く思うことは結局、ストライカーの評価はゴールという数字です。結果を出せないと、他の選手に取って代わられてしまうポジションなのです。

　FWが最初の方に補強リストにあげられることも、リストラの対象になることもそれを示しています。助っ人として外国籍の選手の割合が多いことが証明していますよね。

　だから、たとえ何度ミスをしても、どんな位置からでも、どんな体勢からでも、ゴールを一番に考え、狙い続ける貪欲さが必要なのです。

GOALHUNTER METHOD **31**

高みを目指すために日頃から意識すべきこと

第1章でも紹介したように常日頃から実戦的なイメージを持つことが大切であるが、そのために意識すべきことは何なのか。

「上を目指す」気持ち その積み重ねが大切

　小さい頃から「どんなことも試合を意識してやろう」と言われ続けてきました。たとえば、ストレッチ。何も考えずにその体勢を作るのと、「どこが伸びているのか」を意識してやるのとでは、サッカーをする上での動作に大きくかかわってきます。当然、トレーニングについても同じです。一つひとつを意識しながら取り組むことで、頭の中で整理されてトレーニングの中身が濃くなっていきます。

　僕はユースの頃からトップチームや世代別の代表チームに呼ばれるようになり、高いレベルにやるためには意識を高く持たないと「上を目指せない」と強く感じるようになりました。技術も判断もその積み重ねが結果に大きく作用するのです。

　ストライカー目線でいえば、サイドからのクロスのシュート練習では、普通はDFを置かないことが多いですが、試合を想定して「このクロスだと、DFにクリアされてしまう。だから、自分がこのスポットでクロスを合わせないと」と考えている選手は練習の質が大きく変わってきます。つまり、試合を前提に練習をしているかどうかは成長に大きくかかわります。

　練習の意図、指導者の意図を意識的に考えることで、習得するものの質は格段に上がります。常に試合を意識して練習に励みましょう。

GOALHUNTER METHOD

32

ゴールを決めたときは最大限に喜びを表現しよう

ゴールを決める喜びは、最大限に表現したい。
基本的なことではあるが、それを多くの子供たちにも伝えたい。

ゴールの喜びを仲間と共有する

　僕らの子供の頃はカズ（三浦知良）さんがゴールを決めたらカズダンスをして喜びを表現していました。だから、自分たちも得点したら思い切りチームメイトと喜んでいましたが、いまの育成年代の選手たちは控え目に思えます。

　サッカーのテレビ放送でもレアル・マドリードやFCバルセロナといった強いクラブの試合ばかりを目にしている影響もあるかもしれません。結果的に3対0とか、4対0とか大差がつくので、3、4点目はあまり喜ぶシーンもないですから。

　以前、セレッソ大阪の監督を務めていたレヴィー・クルピが、僕がゴールの喜びを表現したことを褒めてくれました。これまでにない経験だったから嬉しかったことを覚えています。

　対戦相手のことを思い、リスペクトすることも必要だと思うのですが、**仲間とゴールの喜びを共有する**ことは大切なことです。勝負である以上は相手と駆け引きをしているから喜んだ方がダメージがあるだろうし、そうなれば**チームも精神的に優位に立てます**。

　僕は生かされる選手で仲間とゴールを作り上げている感覚があるから、みんなで喜びを表現したい。自分のゴールも味方のゴールも全員が共有できれば、ミスへの考え方にもいい影響を及ぼすと考えています。

GOALHUNTER METHOD **33**

90分の試合の中でいかに自分にスイッチを入れられるか

サッカーの試合は90分間。その中で集中力というものを
どうコントロールすることが大切か。

頭のスイッチは
常にONの状態で

　集中力を高く保つことは大切だと思いますが、正直ずっとは続きません。説明が難しいのですが、「集中」というスイッチは入れたままに頭は常に動かしておいて、「ここぞ」というときに強弱でいえば、「強」にする。ずっとフルパワーで、同じ調子で動き続けても無駄が多くなりますから、体を動かす部分では強弱に合わせた変化が必要だと考えています。

　頭のスイッチを常に入れた状態で回転させていても動作が止まっていれば、相手は油断をします。でも、動き続けたら相手に隙も生まれないし、「無駄な動きばかりしているな」と冷静に対処されれば体力の無駄でしかありません。

　だから、いい意味でストライカーにも遊びの部分が必要ですし、そこは駆け引きにつながっているところでもあります。

　ストライカーはボールを持たない時間が長いので、そのときに相手DFをどう出し抜けば裏をとれるかとか、チェックの動きで騙してボールを呼び込むとか、頭の中で常に想像することが大事になると考えています。そのようなイメージを持っていないと体も動き出せませんし、出し手のパスにも反応できないでしょう。頭のスイッチと体のスイッチをうまくコントロールしながら相手との駆け引きに勝ち、自分に優位な状況を作り出してください。

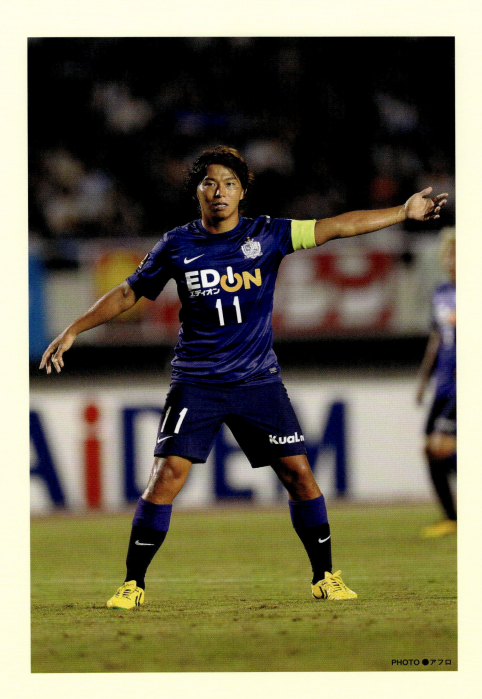

PHOTO ●アフロ

GOALHUNTER METHOD

34

ミスをしたときに
すぐに切り替える力を養う

サッカーにはミスがつきもの。プロ選手でもミスをすることはあるが、そのために持っておきたいストライカーの本質とは。

トライしない選手に成長は見込めない

そもそもFWはミスと向き合うポジションです。ゴールを決めることでミスが帳消しになったかのように錯覚しますが、実は多くのミスの上にゴールが成り立っています。

ただ僕が考えることは、たくさんのトライ＆エラーを繰り返した選手がゴールを増やしていけるものだということです。それは学びに比例すると思うのです。トライしない選手は新しいものを獲得できないし、得点を奪うためのミスを重ねていかないとストライカーとしては深みがないというか。100点とりたいのであれば、やはり300本、500本とシュートを打ち続けなければならないですし、それだけ多くのシュートチャンスを逃していることでもあります。

PKを外した選手に対して、「PKを外す資格があるのは、PKを蹴る勇気を持った選手だけだ」という言葉があります。つまり、失敗に向き合える選手だけが成功、ストライカーであればゴールをとれる資格があるのです。FWは素敵なポジションだとポジティブに捉えています。DFは一つのミスが失点につながり、それを挽回する機会はほぼありません。

でも、FWはゴールを決められれば外したことが挽回できます。だから、ミスをしてもポジティブに切り替えて引きずらないことは大切です。

GOALHUNTER METHOD **35**

どんな相手と対峙しても勝ちたい気持ちでチャレンジ

ゴールを決めるために、相手を上回るために、
やはり「勝つ」という強い気持ちが重要になる。

最後まであきらめず勝ちたい思いを前面に

　負けたくないという気持ちよりも勝ちたいという気持ちの方が大事です。サッカーをプレーする上でゴールを決めることを含め、相手を上回らなければ勝てないからです。

　ということは、相手のすごいところを認めた上で、自分が勝てる部分を探していかないと、その相手との勝負に勝てないということだと思うのです。負けないと思うことは相手が得意とする土俵で相撲をとっているようなものです。

　だから、勝ちたいという強いメンタリティを持った方が自分が上回れることを見つめられる。

　僕はベガルタ仙台時代にロスタイムに2ゴールを決めた経験があります。そのときに**最後まで諦めずに勝ちたいと思うこと**の重要性を感じました。サッカーは最後まで何が起こるかわかりません。だから、強い気持ちでイメージを持ってプレーしなければなりません。

　心と頭の準備ができているからこそ最終的に体、つまり動作につなげられるのです。「あー、ダメだ。勝てない」と思った瞬間に足が止まり、ミスをしたり、チャンスを逃したりすることになります。「勝てる」「取り返せる」「走れる」などと思えれば頭にも体にも伝播していきます。

　感情から頭、体につながっていると捉えれば、気持ちの面はとても重要だということです。

PHOTO●アフロ

GOALHUNTER METHOD 36

仲間がミスをしても励ます勇気を持とう

サッカーは集団スポーツの一つ。そのチームワークを高めるためにできることはどんなことか。

尊重し合う関係作りが自らの成長につながる

　サッカーはチームスポーツだから味方同士で尊重し合うことができないと一つにまとまることができません。ここは絶対に欠かせないポイントです。プロでもアマでも世代関係なく、試合に勝って結果を出す上では、チームとして全員で戦わなければなりません。各自が「チームのため」と考えることが結果につながっていきます。

　試合に出られる出られないはいつもあること。しかし、チームとして結果を残す上で重要なことは、僕は**どんな選手とも意見を言い合える関係や環境を作れるか**だと考えています。うまいとか下手ではなく、試合に出場していない選手と話をしても気づくことはたくさんあるし、逆に試合に出場している選手からヒントをもらえる可能性もある。お互いが信頼関係を築き、チームの風通しがよければ相乗効果が生まれます。

　育成年代では、特に力関係が子供の成長に弊害をもたらす場合があります。**上下関係や力関係は一方的な要求でしかなく、成長する機会を失う可能性がある**のです。だから、どんな相手とも尊重し合う関係作りが多くのプラス材料をもたらすことを知ってほしいです。仲間がミスしても指摘するだけではなく、励ましつつ、その選手が成長できるように意見を伝えてあげましょう。

GOALHUNTER METHOD 37

プレッシャーをうまく モチベーションに変えよう

緊張することは誰にでもあること。しかし、それをプラスにつなげる力が ストライカーには必要になる。

どんなプレッシャーも モチベーションに変える

ストライカーはゴールが仕事だからさまざまなプレッシャーと戦いっぱなしです。勝ち負け、DFのマーク、GKとの駆け引き……。ただ、これもたくさんの経験を重ねることしか、自分なりにプレッシャーを緩和できる方法は見つかりません。

プレッシャーという言葉は抽象的なものです。単にそういっている間は解決方法は見つかりません。たとえばゴールを決められなかったとき、それが技術ミスなのか、判断ミスなのかと原因を考えられなければ先に進めないのです。思った通りにボールを蹴れなかったことが原因であれば、練習でイメージ通りに蹴られるように努力すればいいわけです。

僕らプロでも緊張することはあります。これを克服するには、**練習で自信をつける**しかありません。むしろ緊張しているといえる人はそれと向き合っている証拠ですから、**焦らずに自分なりの解決策を探っていけばいい**と思います。結局、指導者や仲間には本当の原因はわからないのです。

だから味方FWがシュートを外したときも「なぜ決めないのだ」と単に責めるのではなく、相手に考えさせるような問いかけをしてあげることが大切です。そうすれば「次はこんなプレーをしよう」というモチベーションにつながっていくのではないでしょうか。

GOALHUNTER METHOD 38

どんな判定にも
フェアプレーの心を忘れずに

サッカーは激しくしのぎ合うスポーツではあるが、フェアプレーの心はいつも持ち続けたい。

審判のどんな判定にもフェアプレー精神を！

　フェアプレー精神からは少し離れますが、無駄な警告をもらわないことは大切です。僕は2006年にチームが残留争いをしているとき、一度累積警告で出場停止になりました。自宅で試合を観戦することになり、テレビでチームが負けた姿を見たのです。そのとき「オレは何をやっているんだ」と、チームに迷惑をかけたという取り返せない事実に向き合いました。

　FWは常にDFに激しくプレッシャーをかけられ、チェックを受けるから腹が立つときもあります。ただそこで仕返しをすれば、単なる報復行為でしかありません。相手に対する一番の仕返しはゴールです。当然、前線から激しく守備をすれば、たまに警告を受けることもあります。でも、これはチームを助けるための行為だから仕方のない部分です。しかし審判への異議、イライラしたファウルでもらう警告は防げるものですし、それで受けた警告はチームに迷惑をかけます。

　どんなカテゴリーの試合でも応援してくれる人が見ています。カズ（三浦知良）さんやゴン（中山雅史）さんはファンや子供たちをいつも意識していました。いろいろな人の支えがあってサッカーができているわけだから、審判にも相手にもフェアプレーの心を持ってプレーしましょう。

COLUMN

Q どんなDF、どんなGKがやりづらい？

　DFもGKも駆け引きを要求してくる選手は嫌ですね。ストライカーは常に相手の裏をかいて動いています。特にDFは自分の視野に入って動かないFWは怖くないと思います。体の向きも視野も確保できたら守ることが容易だからです。つまり、DFも「こうくるだろうな」と予測しています。常に頭を働かせている選手は、それを上回ることが難しくなるからFWにとっても高度な駆け引きに勝たなければなりません。チームメイトでいえば、水本裕貴選手がそうです。フィジカル面が取り上げられますが、サッカーIQがとても高いです。

　GKも同じで、高度な駆け引きを求めてくる選手は手強いです。ストライカーにとっては「ここに打たされてしまった」と感じるシュートで止められてしまうような相手です。たとえば、DFの位置と自分の位置を考えると、FWは「ここにシュートを打ってくるだろう」と、そこをわざと空けておいて守るGKもいます。彼らから見たらそこに打つことがわかっているから止めることが簡単なのです。浦和レッズの西川周作選手はそれがうまいGKです。

PHOTO●アフロ

COLUMN

Q お手本にするFWは誰?

僕はペナルティエリア内で勝負するタイプの選手ですから、元イタリア代表のフィリッポ・インザーギは昔から憧れのプレーヤーでした。「どうやってパスをもらい、ゴールを決めるのか」を常に考えてプレーする彼の姿勢や思考は本当にいろいろと参考にさせてもらいましたし、生かしました。

現役選手でいえば、FCバルセロナのストライカーを務めるウルグアイ代表のルイス・スアレス選手です。DFの体の向きや視野、またポジショニングを見て一瞬できる綻び(ミス)を見逃さない能力が非常に高いです。そこに味方からパスを呼び込む能力はピカイチ。後方でボールが回っているときもDFと駆け引きしながら無駄な動きをしません。

アタッキングサードに入る一つ手前のエリアで、「ボールが入ってくるだろうな」と予測して動いたり、またパスが出てこないときに動きを変化させて連続して動き続ける能力はずば抜けています。すべてのプレーがゴールからの逆算からのものですばらしいです。

PHOTO●なかしまだいすけ/アフロ

EPILOGUE

僕は小学校の頃からずっとFWをやってきて、

ゴールを奪うためにどうすればいいかを追求してきました。

いまストライカーをやっている

小学生・中学生・高校生の子供たちにも

どうやったら自分がゴールを決めることができるかを

考えてプレーしてほしいです。

FWというポジションに誇りを持ち、

ピッチにいる誰よりも自分がゴールを決めるんだという

強い気持ちを持ってプレーしてください。

あと、とにかくたくさんサッカーを見てほしい。一つのゴールシーンにヒントがいっぱい隠れているので、ストライカーとして学ぶならばゴールダイジェストを見ることで多くのことを学べます。

世界中のスーパープレーを映像で簡単に見られますし、ストライカーを目指す子供たちにはたくさんのゴールシーンを見てほしい。そして、世界に飛び出す日本人ストライカーがたくさん出てきてほしいと思います。

PROFILE

佐藤寿人
さとう・ひさと

1982年、埼玉県春日部市出身。6歳からサッカーを始め、中学からジェフユナイテッド市原の育成組織でプレーし、2000年にトップチームに昇格。その後、セレッソ大阪、ベガルタ仙台を経て2005年からサンフレッチェ広島でプレー。一瞬のスピードと頭脳的な裏への抜け出しで多くのゴールを量産。12年連続で二桁得点を記録している。日本代表31試合出場。

OFFICIAL WEBSITE

http://www.hisato-sato.net/

LOCATION

フットサルスタジアム　アイフット宇品
〒734-0012　広島県広島市南区宇品東3丁目 4-8
TEL:0120-236-154　http://www.i-fut.com/

PLAYER'S SUPPORT

福山大学サッカー部
越智拓己、畑裕喜、藤井敦也、松島圭汰、三好慶

（幼児・小学生・中学生）
ジュニアサッカーをサポートする コーチ、パパやママのための 日本初少年サッカー専門マガジン

定価：1,320円（税込）／季刊誌（3月、6月、9月、12月／6日発売）
全国主要書店で発売中！

ジュニアサッカーに関わるすべての人たちへ

指導に生かせる最新のトレーニングやクラブ情報、サッカーキッズの疑問や悩みを解決していくための情報が満載。子どもたちのプレーに一喜一憂する保護者の情報交換の場でもあるジュニアサッカー情報誌です。

例えば　こんな疑問を持った人たちが読者です！

★他のチームではどんな取り組みをしているの？
★もっと子どもたちのサッカーを知りたい！
★サッカーの経験はないがコーチになれるだろうか？
★子どもにどんなサッカースパイクを選べばいいのか？

ジュニアサッカーを応援しよう！ Vol.40
特集1 創刊10周年特別企画　目指せ！プロサッカー選手
特集2 子どもの成長を高める目標設定の工夫

Web　雑誌と連動したPCサイト
ジュニアサッカーを応援しよう！ 総合サイト

ジュニアサッカーを応援するすべての人たちに向けた「最新情報」「豊富なデータ」「役に立つ知識」を提供しています。本誌との連動はもとより、読者のみなさんとのコミュニケーションの場として展開中です。

http://www.jr-soccer.jp/

http://www.footballchannel.jp/

フットボールチャンネル

日本No.1 サッカーサイト

「We Live For Football」をコンセプトに、サッカーを愛する方々のために、すべてのサッカーに関する情報を余すことなく配信。

カンゼンのジュニアサッカー書籍案内

僕らがサッカーボーイズだった頃
プロサッカー選手のジュニア時代

著者：元川悦子　定価：1,600円（＋税）
ISBN：978-4-86255-144-3

**香川真司、岡崎慎司、清武弘嗣……
「プロ」になれた選手には、少年時代に共通点があった！**

日本代表及びロンドン五輪代表の選手を中心に13人のプロサッカー選手のジュニア時代が1冊に凝縮。

僕らがサッカーボーイズだった頃2
ブラジルワールドカップ編

著者：元川悦子　定価：1,600円（＋税）
ISBN：978-4-86255-248-8

**「家族」の支え、「恩師」「仲間」との出会いが、僕を変えた――
本田圭佑、遠藤保仁、柿谷曜一朗、山口蛍……**

ブラジルワールドカップ代表の選手を中心に13人のプロサッカー選手のジュニア時代が1冊に凝縮。

子どもが自ら考えて行動する力を引き出す
魔法のサッカーコーチング
ボトムアップ理論で自立心を養う

著者：畑喜美夫　定価：1,500円（＋税）
ISBN：978-4-86255-207-5

**「ボトムアップの組織論」で
選手主体のチームづくり**

高校生年代だけではなく、中学生や小学生年代にも広がりを見せているボトムアップ理論を生かしたサッカーの育成を具体的に解説。

サッカーボーイズ
明日への絆
君のためならがんばれる

著者：清水久美子　定価：1,500円（＋税）
ISBN：978-4-86255-051-4

**スポーツの真髄と本当にあった物語だからこそ、
心に深く響きわたる感動ノンフィクション!!!**

脳腫瘍と闘った佐々木諒平と仲間、家族の物語が「大切なこと」を教えてくれる。スポーツの真髄が詰まった感動の実話。

カンゼンのジュニアサッカー書籍案内

乾貴士のサッカーフリースタイル 神技リフティングバイブル
スゴ技スペシャル

監修：乾貴士　定価：1,600円（＋税）
ISBN：978-4-86255-092-7

魅惑のボールマジック ウルテク43を徹底解析！

日本人屈指のドリブラーが伝授するリフティングからボールタッチまで…。"超一流の"リフティングとフェイントテクニックを完全収録。

DVDでわかる！ 小島伸幸の サッカーGK（ゴールキーパー）コーチング プロ技完全マスター編

監修：小島伸幸　定価：1,880円（＋税）
ISBN：978-4-86255-061-3

GKコーチ不在のチームに贈る ゴールキーパースキル本の決定版!!

元日本代表の守護神である小島伸幸、小野寺志保の両氏による、ゴールキーパーに必要なスキルを完全収録。

松井大輔のサッカー ドリブルバイブル
抜き技＆魅せ技スペシャル

監修：松井大輔　定価：1,600円（＋税）
ISBN：978-4-86255-028-6

"日本屈指のテクニシャン" 松井大輔が魅せる

"日本屈指のテクニシャン"松井大輔のドリブル、シュート、クロス、パスといった超絶テクニックを余すところなく紹介。

大久保嘉人のサッカー 攻撃テクニックバイブル
DVD突破技＆決め技スペシャル

監修：大久保嘉人　定価：1,600円（＋税）
ISBN：978-4-86255-053-8

"一撃必殺テクニック"で DFをぶっちぎれ！

フェイントやシュートはもちろん、フリーラン、ポストプレーなど、大久保嘉人の"超実戦的"な攻撃テクニックを完全収録。

お問い合わせは　株式会社カンゼン　TEL:03-5295-7723
ホームページはこちら　http://www.kanzen.jp

柿谷曜一朗のサッカー スーパーテクニックバイブル

監修：柿谷曜一朗　定価：1,600円（+税）
ISBN：978-4-86255-256-3

サッカー選手に必要な ボールコントロールを極める！

柿谷曜一朗の最大の武器である『ファーストタッチ』を中心に、サッカー選手として身につけたい基本の『止める』『蹴る』『運ぶ』の技術、計31種類が収められている。

サッカーアルゼンチン流 個人スキルバイブル

監修：亘崇詞　定価：1,600円（+税）
ISBN：978-4-86255-153-5

日本サッカーの育成を大きく変える!! 南米流サッカー講座!!

南米に精通している亘崇詞による南米流トレーニング講座を紹介。今までにない独自のトレーニング方法で、南米流のサッカー哲学を学ぶことができる。

サッカーFW陣形戦術クロニクル
最前線のユニット進化論

著者：西部謙司　定価：1,500円（+税）
ISBN：978-4-86255-316-4

戦術はFWの陣形で すべてが決まる

サッカー戦術解説の第一人者がFWの陣形（ユニット）から戦術の進化を読み解く至高の戦術エンターテイメント本。

静学スタイル
独創力を引き出す情熱的指導術

監修：井田勝通　定価：1,600円（+税）
ISBN：978-4-86255-321-8

高校サッカー界の 名将が語る選手育成法

カズ、ヤスなど60人以上のJリーガーを輩出した高校サッカー界の名将・井田勝通が語る選手育成法。独創的な指導法で選手の心に火をつける。

【デザイン】
渡邊民人（TYPEFACE）
【DTP オペレーション】
アワーズ
【写真】
秋田陽康、株式会社アフロ
【DVD 撮影・編集】
株式会社 RCC フロンティア
【DVD オーサリングマネジメント】
イービストレード株式会社、NSA 株式会社
【衣装提供】
株式会社エスエスケイ
【映像提供】
株式会社 J リーグメディアプロモーション
【協力】
辰己直祐、田井美樹子（株式会社エム・アール・エイチ）
株式会社サンフレッチェ広島
アイフット宇品
【編集】
吉村洋人（株式会社レッカ社）
【編集協力】
木之下潤、一木大治朗、長野記子

ゴールハンターバイブル
得点を奪うための最強理論と38のメソッド

発行日　2016年5月14日　初版

著　者　佐藤寿人
発行人　坪井義哉
発行所　株式会社カンゼン
〒101-0021　東京都千代田区外神田2-7-1 開花ビル
TEL 03（5295）7723　FAX 03（5295）7725
http://www.kanzen.jp/
郵便振替　00150-7-130339
印刷・製本　株式会社シナノ

万一、落丁、乱丁などがありましたら、お取り替え致します。
本書の写真、記事、データの無断転載、複写、放映は、著作権の侵害となり、禁じております。

©Hisato Sato 2016
ISBN 978-4-86255-344-7
Printed in Japan
定価はカバーに表示してあります。

本書に関するご意見、ご感想に関しましては、kanso@kanzen.jpまでEメールにてお寄せください。お待ちしております。